続 希望の共産党

再生を願って

碓井 敏正 五野井 郁夫 小林 節 西郷 南海子 醍醐 聰
堀 有伸 松尾 匡 松竹 伸幸 宮子 あずさ 和田 静香

まえがき

本書を出版した趣旨について、寄稿いただいた著者への依頼文を以下にお示しし、まえがきといたします。

２０２３年１月に上梓した『希望の共産党　期待こめた提案』（有田芳生、池田香代子、内田樹、木戸衛一、佐々木寛、津田大介、中北浩爾、中沢けい、浜矩子、古谷経衡・著）の続編として、共著者をあらたにして、２０２３年統一地方選挙後、きたる総選挙に向けて日本共産党と共に政治変革を実現するための課題をそれぞれの視点から寄稿いただきます。

前作では、主に党首公選制をはじめ党内の活発な論議を可視化させて「市民と野党の共闘」を発展させる期待についてご寄稿いただきました。しかし、その後の同党をめぐる状況はメディアでも取り上げられ周知のとおり、日本共産党執行部は持論を著書にした松竹伸幸氏や鈴木元氏を除名処分にするなど、市民に開かれた民主主義的ではない頑なな「革命政党」というイメージが沈殿されてしまい、「130％の党」づくりを目標にしたものの、統一地方選挙では現有議席を大幅に減らし、しんぶん赤旗も数万部の減紙、党員数も死亡・離党者を上回る入党者を得られず、存亡の危機にあると想像されます。

他方、野党第一党の立憲民主党も結党時のような「ボトムアップの政治」による自民党への対抗勢力としての魅力を失い、共産党との選挙協力を党首が否定し「市民と野党の共闘」の道も閉ざされかねない状況にあります。新自由主義的な「身を切る改革」を標榜する日本維新の会が統一地方選挙でも大幅議席増となったのと対照的に、左派リベラルな「立憲野党」の後退が憂慮されます。

それゆえ、日本共産党の減退ないし混迷は日本の政治変革にとっての危機とも言えるのではないでしょうか。だからこそ、日本共産党の再生を願って自己改革を期待するための提言を急遽企画いたしました。

本企画は前作と同様に、著者それぞれの持論を自由に述べていただき、集団としてまとめた提言書とはいたしません。多様な意見を出し合うことで、日本政治の危機を日本共産党と共に乗り越えていく一助にしたく存じます。

2023年7月15日　　あけび書房代表　岡林信一

続・希望の共産党　再生を願って　●目次

共産党に関する極めて私的な体験から

看護師、コラムニスト　宮子あずさ

政権交代を可能にする立憲野党を応援

私は一つの党が長く政権に就くのは百害あって一利なし、と考える者です。政権交代の可能性は、市民が政治に対して力を維持するための必須条件。それがなくなれば政権は市民の目を気にせず、組織の権力維持を目的化するでしょう。

自民党一強が続く現状では、とにかく野党候補を応援する。これが、私の選挙に臨む基本です。一方で、日本維新の会をはじめとした、自民党よりさらに人権を顧みない「野党」が登場してくると、話はややこしくなりました。

いかに自民党から政権を奪う可能性があっても、このような野党は応援できません。国民主権、基本的人権の尊重、平和主義という日本国憲法の三原則を守る、いわゆる立憲野党（リベラル野党）であることが、絶対条件だと考えます。

立憲野党、という言葉を使うと、括りとして「雑だ」という批判もあるでしょう。ただ、私自身は政治学者でもありませんし、厳密な定義には拘りません。

政権交代の可能性を求めるならば、ある程度大きなまとまりは必要で、消去法的支持も、支持のうち。言葉の厳密な定義よりも、「まあ、これなら投票してもいいかな」と思えるかが、私には大事です。

その、「投票してもいいかな」と思える括りが、立憲野党という言葉で、まあまあ説明できているように思えるのですよね。そして、日本共産党も、そのように思える政党の一つに入っています。

この原稿は、さまざまな困難に直面している日本共産党を、なくてはならない立憲野党の一つと捉え、応援するために書いています。その上で、敢えて、私自身実際に経験してきたことから、書き起こしたいと思います。

母から引き継いだ運動の歴史

私は1963年生まれで、今年（2023年）還暦を迎えました。高校卒業が1982年。都立高校を出て明治大学文学部に入学後、看護師を志して中退し、看護専門学校を出て東京厚生年金病院（現JCHO東京新宿メディカルセンター）に就職したのが1987年です。

世代的には、全共闘やべ平連（「ベトナムに平和を！市民連合」、1965〜1974年）など時代を象徴するような社会運動とは縁がない世代なのですが、吉武輝子というフェミニストのもとに生まれたことで、社会運動の流れを垣間見ることができました。

私は杉並区下高井戸4丁目の生まれ育ちで、母は私が物心ついた頃からいわゆる女性評論家として、雑誌やテレビの仕事をしていました。同じ時期にメディアに出るようになった樋口恵子さん、俵萌子さん、桐島洋子さんのプロフィールと、よく混同された記憶があります。

忘れられないのは、小学校の時の出来事で、母が未婚の母である（桐島洋子さんとの間違い）、離婚している（俵萌子さんとの間違い）と、親から言われていたクラスメートが、うちに遊びに来た際、父親がいるのに仰天。「宮子さんちにお父さんがいた！」と大騒ぎをしたことです。

実際、父は2000年に72歳でこの世を去るまで、母と同じ家に暮らしていました。それでも、このような誤解を受けることは、その後も何度かありました。

ただ、母のフェミニズムに連帯していた私としては、「だったらどうなんだ」と言いたい気持ちが強く、誤解は敢えて解かなかったんです。

専業主婦の多い新興住宅地で、共働き家庭は極端に少ない地域でした。フェミニストの立場からの母の発言を快く思わない人も多かったのでしょう。嫌な思い出も多く、就職と共に私は家を出て、新たな地域で暮らし始めました。

親子というところでは、いろいろな葛藤もありましたが、社会運動への関わりなど、母に対しては深い尊敬の念を今も持っています。

母は、長い間野党第一党だった社会党を支援し、多くの選挙に関わってきました。今、自民党一強時代にあり、野党がなかなか繋がれない状況になっています。改めて、運動家としての母のあり方を、思い返す機会が増えています。

「敵を間違えるな」

母は小田実さん、吉川勇一さんなど、べ平連に関わった人たちと交流があり、さまざまな活動に参加してきました。私も、幼い頃から会議や集会に連れて行かれ、激しい議論を間近に見た記憶もあります。

べ平連の中心的な人の多くは、日本共産党に参加したのち決裂した人たちで、中には除名処分になった人もいました。ある時母が、家で仲間と電話で話をしていた時、こんな言葉が聞こえました。

べ平連系の人たちの多くが、自民党よりも共産党が嫌いなの。右翼と意気投合して、「お前たちは自民党を潰せ。俺たちは共産党を潰す」なんて盛り上がっているのをみると、本当にがっかりする。敵を間違ってはいけない。とにかく自民党を政権から降ろしたければ、自民党を選挙で落とすよう、野党とは手を組んでいかなければ、不可能なのよ。

実は、母もまた、若い頃共産党を支持し、のちに離れた経過がありました。フェミニストとしてさまざまな市民運動に参加する中で、共産党としばしば対立し、本当に近しい人には、共産党批判を語っていたのです。

それでも母は、仲間の共産党批判には明らかに距離を置いていました。ましてや右翼と一緒に共産党批判は絶対にしません。

家父長制度を支持する右翼は、私には敵。そんな人たちと共産党の悪口を言うなんて、絶対におかしい。右翼と一緒になって左翼の悪口を言うのは、向こうの思う壺ですよ。

ある時は、大御所の集まる場でそのようにはっきり言って、場の雰囲気が強張ったこともあります。私は子ども心に、母親を誇りに思ったものです。

「敵を間違えるな」。そして、「右翼と一緒に左翼の悪口は言わない」。この教訓は、運動に関わる中で、今も私の脳髄に染み付いています。

美濃部都政と民主党政権

母自身、共産党に色々な気持ちはありながらも、一貫して社会党との共闘を求めた背景には、美濃部亮吉都知事の誕生があったと思います。

日本社会党と日本共産党の革新統一候補として1967年の選挙に勝ち、1979年の3期12年間都知事を務めた美濃部氏。これ以降東京は世界都市博の中止というワンイシューで当選した青島幸男氏を除いては、ずっと保守系の都知事が続いています。

当時は今のように政党が乱立しておらず、革新系は日本社会党と日本共産党の2党に限られていたと言っていいでしょう。今よりはるかにわかりやすい構図だったのです。

いうまでもなく、美濃部都政の誕生は、2党の共闘がいかに破壊力を持つかを証明していました。ところが、必ずしもこの教訓が生きたとは言えません。この後も、さまざまな選挙で両党が共に候補者を立てて共倒れしたのです。

選挙結果を見ては、「社会党と共産党を足せば、自民党に勝っているのに」と嘆いた母。「勝つあてもないのに立候補するのは、間違ってる。共産党が候補者を立てて、喜ぶのは自民党」と、子どもの私に向かって、吐き捨てるように言っていたのも忘れられません。

その後日本社会党は、土井たか子氏を党首として大躍進をとげた１９８９年の参院選以後勢いを失い、２０２３年7月現在、社民党として衆議院議員１名、参議院議員２名、合わせて３議席しかない、ミニ政党になってしまいました。

一方の共産党は、衆議院議員10名、参議院議員11名の合計21議席。このような逆転が起きるとは、１９８９年には全く思いも及ばず、時代の変化をひしひしと感じます。

ただし、日本社会党と社民党をダイレクトに比較するのは、現実を反映していないでしょう。実際は、日本社会党の党勢が傾く過程で、１９９８年に結成された民主党に移った議員、候補者も多数いたからです。

そして、２００９年、衆議院選に勝利した民主党は政権交代を果たします。この時母はすでに膠原病や慢性肺気腫を患い、２０１２年４月に死去しました。

政権交代を喜ぶ間もなく東日本大震災が起こり、社会が混乱する中、民主党政権は短命に終わりました。２０１２年12月のことです。母は結局、自民党が再度政権に返り咲く前に亡くなったのでした。

民主党政権の評価はさまざまです。世の中全体としては、「悪夢の民主党政権」という言葉だけが残り、今では自民党が有権者を繋ぎ止める、決め台詞になった感もあります。

しかし、その後の政治、特にジェンダー平等、人権問題に関する限り、今の政権こそが悪夢。地獄と言っても過言ではありません。それに比較すれば、民主党政権は良心的かつ倫理的だったと思うのです。

母にとっての美濃部都政。私にとっての民主党政権。これはいずれも野党共闘の成功体験でした。「選挙は勝たなければいけない」。1977年、革新無所属で参議院全国区に挑戦して敗れた母の言葉には、圧倒的な説得力がありました。

葛藤のある人とない人がいて……

では、私自身にとっての日本共産党は、どのような党なのでしょうか。私にとって日本共産党は、平和主義、男女平等を含めた人権の尊重を強く打ち出す党。常に投票先の一つの候補であり、状況によっては、躊躇なく一票を託しています。

私の近しい友人は多くがリベラルで、野党を支持する人が圧倒的多数。私は今還暦ですが、同世代から下の人になると、同様の政治的立場で、反共産党という人はほとんど見かけません。私も含め、日本共産党に葛藤なく投票する人は、明らかに増えています。

それは、旧べ平連の人たちのような、深い関わりの歴史がないからではないでしょうか。一度は党員として活動し、離れた人、ましてや除名になるまでの経緯があれば、深い恨みを抱いくのは、やむを得ないように思われます。

ただ、このような葛藤のある人は、時代とともに減ってきました。私はたまたま母の影響で、そのような人を間近に見てきたので頭で理解はできます。が、私自身の感覚としてわかるかといえば、正直わからないんですよね。

ただ、減ったとはいえ、反共産党、反自民という人は、まだまだいます。

選挙ボランティアで、明らかに反自民とわかっている人に電話をしても、「共産党と組むのは間違いだ。投票しない」。ここは「え〜〜〜〜〜〜〜」と心で思いながら、ぐっと言葉を飲み込みます。

「お時間いただき、ありがとうございました。引き続きどうぞ、ご注目くださいませ」と電話を切る、その時の解せない気持ちと言ったら。だってその選挙区、その人以外だと、自民党の人しか出てないいんですよ。

一体その人は誰に入れるんでしょう。共産党より自民党の方がマシなのか?

自民党を支持する保守層が、共産党を攻撃するのは単純に理解できます。でも、自民党の議席を少しでも減らそうと思う人が、「共産党とは組めない」というのを聞くと、残念でなりません。

鼻を摘んででもなんとかならないものでしょうか。

さらりとかわして欲しかった

一方で、共産党に対して、「ここはこうして欲しい」と願うこともないわけではありません。今年2月、この本にも参加していらっしゃる松竹伸幸氏が「公然と党攻撃をおこなっている」という理由で党を除名されました。これについては、党を擁護する人、批判する人さまざまです。

私はといえば、正直なところ、この問題に関心はないのです。通常私は、関心がない問題については、言及しません。それでも敢えてこの件については書くのは、恐らく共産党に投票している多くの人が、私のような感覚ではないかと思うからです。

私から見ると、これは〈党員でもあるジャーナリストの松竹氏が、党首公選制を求めたら除名されてしまった〉事件。そのくらいのことで除名されるなんて、ちょっと怖い。そんなふうに感じてしまいます。

なぜなら、志位委員長がいかに有能で立派な人であったとしても、一体いつまでトップをやるのかは、私も考えてしまいます。党員で、党の先々を思う人であれば、なおさらではないでしょうか。

ただでさえ、共産党は支持者の高齢化が顕著。若い人を惹きつけるためには、当然世代交代も必要になります。そのための議論は、いくらしてもいいと思う。それが除名につながるなら、先がない気持ちにもなってしまいます。

このような私の文章に、きっと多くの事情を知る人は、とても不満を感じるでしょう。けれども、内部の問題は、どのように外から見られるかを意識して、対応する必要があります。組織やある専門家集団の中では大問題でも、それ以外の人にとって大きな問題ではない場合、一度ことを荒立ててしまうと、事後の説明はなかなか聞いてもらえません。

私たちは自民党のように、起きた問題をしらばっくれず、真面目に対処することをよしとする傾向があります。これは倫理的に正しいのですが、今回のように内輪の問題が外に出た場合、そのまま火を焚べずに鎮火を待つというのも、妥当な選択だったのではないでしょうか。

自民党とその仲間は、「共産党は暴力革命を目指す怖い党」というイメージをつけようと、攻撃の機会を窺っています。今回のことは、その格好の機会になってしまったと思われ、とても残念です。

党の理論に照らして論破するより、党のことはよくわからないけど、政策に賛成できるから投票する。私のように緩い支持者を意識した対処が、今後も望まれるのではないでしょうか。それは、議論として正しいか正しくないかとは、また別のはなしです。

さらりとかわすトレーニングを、ぜひしてください。

ますます重要になる野党の選挙協力

自民党一強の政治状況をなんとかしたい。ジェンダー平等に反対し、性的マイノリティの権利を制限する宗教右派の影響が明らかになるにつけても、この気持ちは強くなっています。第二次安倍政権以降、自民党支持層は盤石で、多くの選挙で勝ち続けています。ただ、私の周辺では、必ずしもそうではありません。特に居住地の武蔵野市、出身地である杉並区。いずれも、この数年の選挙では、自民党は必ずしも勝っていないのです。

私が見る限り、現在武蔵野市は日本共産党と立憲民主党の選挙協力がうまくいっています。これは、多くの市民、党関係者の尽力があってこそ。その結果、市長、都議会議員、衆議院議員は全てリベラルな立場をとる人が選ばれています。

今は、日本維新の会という、自民党よりも右派の政党が、野党第一党を狙っています。民主主義の危機と言っても言い過ぎではありません。私は色々な問題があるとしても、立憲民主党には、野党第一党でいてもらわなければならないと考えます。

そのためには、野党の選挙協力が欠かせません。ただ、申し訳ないことに、具体的には、共産党に候補者を立てないようお願いする。そのような形になる選挙区が極めて多いですよね。本来、政党が、候補者を立てて選挙活動を行うのは当然のこと。これをしないでくれというのは、野党の選挙協力を願う者としても、心苦しくてなりません。

選挙区によっては、共産党所属の候補者を野党共闘にする。立憲民主党は、そんな努力をしてもいいのではないでしょうか。私の目から見ても、「共産党は候補者をおろして当たり前」という態度が目につく場面もあったりします。

このような選挙区では、野党はなかなか勝てません。有権者は見ているのです。

野党らしい野党として応援する

直近の地方統一選では、武蔵野市議会議員選挙において、日本共産党の新人候補者を応援。微力ながら、前回選挙で3議席から2議席に減らした議席を、取り返すお手伝いをいたしました。

その後もカンパの気持ちを込めて、赤旗日曜版を定期購読し、要請に応じて家の壁に共産党のポスターも貼っています。ただし、他のリベラル系の候補者から要請があれば、「相部屋」になるのは、了承済みです。

私が共産党に期待しているのは、政権交代を目指して野党第一党が中道寄りに舵を切る中で、右に行きすぎない、ブレーキとしての役割です。つまり、野党らしい野党としていてほしい。社民党に対しても、私は似たような期待をしています。

最後に。

玄関を出て、共産党のポスターを横目に見ながら道に出ると、大学時代、バイトをしていた定食屋を思い出します。そこは、代々木駅に近く、共産党関係の人が夜は飲みに来ていました。

その中の一人に、真面目な20代の男性がいて、時々おしゃべりしました。あるとき、珍しく食事だけで帰るので、「飲まないのですね」と声をかけました。すると彼の返事は、「党の仕事をいろいろしていて、今日もこれから仕事です。朝は赤旗の配達をするから、4時起きなんです」。

思わずびっくりして、「日共の方って、真面目なんですね」と言ってしまったのでした。この反応に、彼は大笑い。「はははは。日共はやめてくださいよ〜。それは党を嫌う人が使う言葉。共産党って言ってほしいなあ」。

しまった、と思いつつ、笑顔に救われました。あの人は今も、党員なのでしょうか。若き日の貴重な思い出です。

「一点共闘」から「ヴィジョンとしての共産主義」へ

教育学者　西郷 南海子

わたしと共産党～まずは「一点共闘」から

今回の文章は、これまでわたしが出会ってきた共産党のみなさんの顔を思い浮かべて書いています。特に専門的な視点から論じるものではありませんが、わたしが市民運動の中で体感してきた共産党とそのこれからについて記したいと思います。

わたしは大人になるまで、これといった共産党との接点はありませんでした。しかしふりかえれば、子ども時代は故・井上ひさしさんのお子さんと保育園が一緒で、井上邸でのパーティーに参加したことがあります。ひさしさんも共産党と歩み続けた人ですね。母は思想信条を声高に言う人ではありませんが、「まともな候補者が共産党しかなかった」と選挙から帰ってきたことがあります。そのときのことはよく頭に残っています。

父は、かなり変わった人でした。わたしをホームレスの人たちとの「海岸すき焼き」に連れて行ったり、見通しの悪いT字路にカーブミラーを設置させたり、思えば「ひとり市民活動家」のような人でした。古紙回収の日に出されている本をチェックして拾おうとしたりするので、子どもとしてはとても恥ずかしかったのを思い出します。でも、そのおかげでわたしのなかでの「活動」へのハードルが下がっているのは間違いありません。

わたしが共産党と一緒に活動をするようになったのは、２０１５年の安保関連法の成立からです。わたしは同年7月に「安保関連法案に反対するママの会」を立ち上げ、北海道から沖縄まで全国のお母さんたちとつながりながら、何度も国会に足を運びました。ここでできたネットワークは宝物で、現在も生きています。最近では何人ものお母さんがＰＴＡ会長になったり、自治体の議員になったりと、活動の形を変えながら、この国のあり方と向き合っています。

日本共産党の党首である志位和夫さんは、安保関連法が成立すると即座に「国民連合政府」の構想を発表しました。野党が政権をとって政府を丸ごと変えない限り、安保関連法は廃止できません。それだけの大仕事になるのです。そこへ向かって行かなければいけないという「山」が見えた気がしました。「野党は共闘！」というコールが生まれたのもこの頃でした。

そのあとわたしは、『女性のひろば』という雑誌の対談企画で、志位さんとお話しすることになりました。政治用語で言うところの「代々木」に呼ばれるということで、とても緊張しましたが、行くことに決めました。用意された美味しそうなお弁当を志位さんはあっという間に平らげていて「やっぱり政治家は早食いなんだな」と思いました。ちょっと緊張がほぐれました。

この頃のわたしは、政党と関わるということは政党に利用されることでもあり、自分をどう世間に見せていくのか、とても気を使っていました。政党の歴史を少しでも知っている人間なら、どうしても構えてしまうところがあると思います。しかし100％の賛同ではなくても、一点での共闘が2015年の夏の盛り上がりを作ったのです。「一点共闘」を選択できる「オトナ」を増やしたいという気持ちで、共産党との活動を始めました。

共産党ｉｎ京都

現在わたしが住んでいるのは京都市です。ここは「日本で一番、共産党が強い」と言われてきたところです。たしかに、どの区からも市会議員を選出していて顔の見える政党として存在しています。しかし、野党第一党であるため共産党の提案はどれも通らないという理不尽な政治が続いてきた場所でもあります。

その典型的な問題は、中学校給食です。京都市には配達弁当の給食はありますが、食中毒防止のために冷やされており、おかずが喉を通らないと子どもたちから声が上がっています。ご飯のトレーだけは暖かく出されるので、ご飯にふりかけをかけて、それだけを昼食にしている子がいると聞いたとき、なんのための学校給食かと怒りを覚えました。

こうした問題だらけの中学校給食を、小学校のような自校式にしようと共産党は訴えてきました。わたしは最初にこの提案を聞いたとき、コストも莫大だし、京都市は動かないだろうとあきらめていました。しかし、何年も粘り続けた結果、ついに与党が中学校給食の必要性を認めざるをえないところまで来ました。

こうなると、手柄を与党に取られてしまうわけですが、それでも実現する方がいいという「献身性」が共産党の大きな特徴だと思います。しかし、一般の人がそこまでの献身性を発揮するのは難しいですし、党外の人間は「人生かけないと共産党員はやれないなあ」と感じているのではないでしょうか。

ここが現在の共産党をめぐるボトルネック（活動上の制約）になっていると思います。共産党の政策にはおおまかに賛成、「共産党」というネーミングも特に気にならない、という若い人は少なくないはずです。ではなぜ、入党しないのでしょうか。それは、先輩方の「たたかい」があまりにも重厚で、そこに自分を並べられる気がしないというのが、わたしの予想です。毎週末、デモや街宣では生活が保てません（笑）

共産党に人生を捧げてきたシニアのみなさんには敬意を表しますが、「そんなに頑張れない世代」をどう受け止めていくのかが、今後の課題だと思います。たとえばわたしも共産党の新しい規約集をもらったことがありますが、「こんなの守れないよ～」と瞬時に思い、積読のままです（すみません）。自分の人生を全て共産党にかけなければならない、つまり昔の言い方でいう「職業革命家」には、なれないのです。生活が苦しければなおさらです。

除名をめぐる問題も、ＳＮＳや新聞で報じられてきました。この件に関してははっきり言って、党外の人間には詳しいことはわかりません。しかし唯一わかるのは、党本部が一部の党員の活動を党への「攻撃」とみなしたということです。党外の人間が感じたのは「そこまで言わなくても」「何か痛いところを突かれたのか」という疑問でした。

「党内で議論を上げていくこともできる」という反論もありましたが、一体それにはどれくらい時間がかかるのだろう、立ち消えになってしまわないかと不安に思いました。共産党をめぐるボトルネックを広げていこうとする中では、残念な対応だったと思います。「やっぱり外からは中は見えない」という印象も強化されてしまいました。

どの政党にも長所と短所や「クセ」があるものです。いかにこれを自分で意識できるようになるかが肝心ですね。次に、わたしなりに共産党の裾野を広げる活動について考えてみたいと思います。

共産党の活動をさらに広げるには

前項で記したように共産党にはベテランがたくさんいます。ですので、「選挙はこうやるもの」というのが確立していると思います。そのことがかえって、いい意味での「部外者」を遠ざけてはいないでしょうか。たとえば、２０２３年春の統一地方選挙では、各地の選挙事務所にどれだけ早くビラを折れる達人がいるか、という動画がＳＮＳに流れていました。確かに達人がいれば作業は瞬殺かもしれません。少しでも早くチラシを用意したい気持ちもわかります。しかし「ＳＯＳ！　ボランティア急募」と打ち出した方が、いろんな人が集まれるのではないでしょうか。

ビラを折るスピードは遅いかもしれませんが、「どこから来たの〜？」「へえ！」「○○さんには勝ってほしいね〜」「チラシのここがいいなって思うんです」など、党員とボランティアがおしゃべりしながら「輪」を作っていく。ちょこっとのボランティアでも「参加した！」と感じてもらう。「自分がここにいてもいいんだ」と思ってもらう。こうしたステップが、ボランティアの裾野を広げるはずです。

共産党には「党」があります。その中で物事が回り、解決するようになっています。なので、外部の人間には（入党以外）なかなか入るスキマがありません。党を担ってきたみなさんの矜持もあると思いますが、選挙なら候補をさらに「共同の候補」にしていくために、あえて手放していく、開いていくべき部分があると思います。街頭宣伝のお知らせが党員内でしか回っていないことは「共産党あるある」ではないでしょうか。わたし自身一度もお知らせを目

にしていない集会に連れて行かれることが何度もありました（笑）

一方で、共産党の配布物は、ここ数年で見違えるほどオシャレになりました。よく署名やチラシ配りで若い人の反応が悪いという嘆きを目にしますが、それは仕方のないことです。平成以降、様々な誘拐事件や新興宗教事件などを経て、学校・家庭では「知らない人と話さない」「知らない人から物をもらわない」ということが徹底されていきました。ですので、若い人は無関心なのではなく「もらえない」のだということを頭の片隅に置いてください。

そうした中でも、アップデートされていく共産党の配布物は、心に届くものが増えています（ジェンダー平等のものなど）。それらの最後のページにはどうか、次のアクションの方法も記してください。相手が立ち上がることを信じること。これが全ての始まりですよね！

高齢化をどう乗り越えるか

京都の共産党員さんも、わたしが知る限りでは高齢化が進んでいます。学園紛争の時代と青春が重なる世代ですね。この世代はとてもパワフルで元気なので、つい心配いらないような気がしてしまいますが、冷静に考えるとそれはいつまでも続きません。10年後くらいにガクッと先細りしてしまうのが予想できます。

党員でもないわたしが提言するのもどうかと思いますが、入党のハードルを下げてほしいです。具体的には、入党するとはどういうことなのか、入党したらどういう活動が必須になるのか、もっとオープンに知らせてほしいです。そして、その人にあった形で続けていけることを、ライフスタイルごとの具体例を示しながら教えてほしいです。

現在わたしは何の党にも所属せず、立憲民主党の「パートナーズ」登録、そしてれいわ新選組のボランティアをたまにしています。どちらもイベントのたびにメールが来るようになっており、行けば同じ思いの仲間がいることがわかります。共産党も「ＪＣＰサポーター」というのがありますが、こちらから聞くまで存在を知りませんでした。まずはサポーターを増やすキャンペーンでもいいかもしれません。サポーターが増えない限り、その先に党員になる人も増えません。「毎月第〇土曜日はサポーターの日」など、サポーターを増やす取り組みを集中的にする必要があると思います。

サポーターのＷＥＢページを見ると「選挙ボランティア」「寄付」「ＳＮＳで発信」「意見や提案を送る」の四項目が上がっていますが、わたしが立憲やれいわ新選組でそうしているように、情報を受け取るだけの人も大切です。イメージ図を作ってみました。これは上下関係を表しているのではなく相互の裾野の関係を表しています。党員になるかならないかの選択肢だけでは、「広がりに欠く」状態が続くでしょう。それよりも「ゆるい選択肢」が下に広がってい

日本共産党京都府委員会
（写真・日本共産党京都府委員会より）

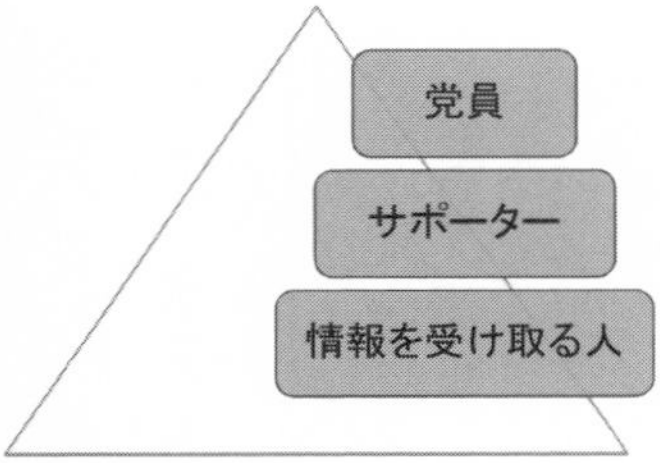

裾野を広げるためのイメージ図

ることで、党員への流れが可能になると思います。

そもそも党員でないわたしが、的外れかもしれない上でこんなに真剣に運動論を考えているのは、やはり京都で無数の共産党員さんに大事にしてもらったからです。穀田恵二さんのようにわたしの「40歳上レジェンド」から（穀田さん1947年生、わたし1987年生）「この人共産党かな～?」と思わせる市民運動の現場の人まで、本当に真面目で、かつ温かい人たちにたくさん出会いました。そういう人たちの地道な活動が報われてほしいと思うのです。

党の中で活動を完結させない、という提案の具体例があります。数年前、共産党京都府委員会の本部ビルが建て替えられました。新築のビルはピカピカで一体いくらしたんだろうと思いました。共産党は政党交付金を受け取っていないので、いわば党員一人ひとりの「浄財」だということはわかりました。わたしはいまだにカンパしそこねているのですが、もっと市民に対してカンパを求めたらよかったと思います。「市民と共産党のビルですので！」ともっと厚かましく！（笑）そうすれば、カンパした側は「じゃあ次はイベントで使わせてもらおう」となります。こうした一歩踏み込んだ双方向の流れが、次の10年、20年を変えていくと信じています。

脱「赤旗語」！

これは、街宣車に乗ったことがある人間ならではの発見なのですが、志位さんは車に取り付けた原稿台に原稿を置き、基本的にそれを読み上げる形で街頭演説をします。わたしはそれに疑問を持ち、志位さんに手紙を書きました。「街頭演説とは、すでに赤旗を読んでいる人に向けてではなく、まだ仲間になっていない、横断歩道を渡っている人に向けてすべきではないですか？」と。「変革」も、音として聞けば「ヘンカク」なので、歩いている人には伝わりにくいです。もちろん告知された街頭演説は、党員に対する教育そして激励の場でもあるので、赤旗の内容が含まれるのは当然なのですが、それは守りであって攻めではありません。

するると志位さんは、次に会ったときには「《変革》は《チェンジ》にするよ！」と笑顔で声をかけてくれました。お葉書、読んでくれたんだと思いました。党の機関紙というのは、古今東西の左翼政党にとって「魂」に該当するものです。わたしも研究との関係でアメリカ共産党のことを調べる機会がありますが、とても洒落た雑誌を出していました。その気持ちはわかります。

でも、まだ仲間になっていない人に向けた言葉をもっともっと磨いていかなければなりません。枝野幸男さんも何も見ずに演説をするのが得意です。山本太郎さんは聴衆と結合するために、どこかに行ってしまいます（笑）。二人とも、目の前の人の目を見て話すことができます。共産党さんもそんな人を増やしてほしいです。結局は、人と人のつながりなのですから。

むすびに

よく共産党をめぐる議論の中で、「共産党」という名前を変えた方がいいという意見を耳にしますが、わたしは変えなくてよいと思います。なぜなら資本主義が生きている限り、そのアンチテーゼとして共産主義が必要だからです。ここは譲れません。わたしは実はとても落ち込みやすい人間なので「自分が生きてる意味ってあるのかな」としょっちゅう思っています。でもそれは、自分が生きている価値を、収入や社会へのわかりやすい貢献度といった数値で測っ

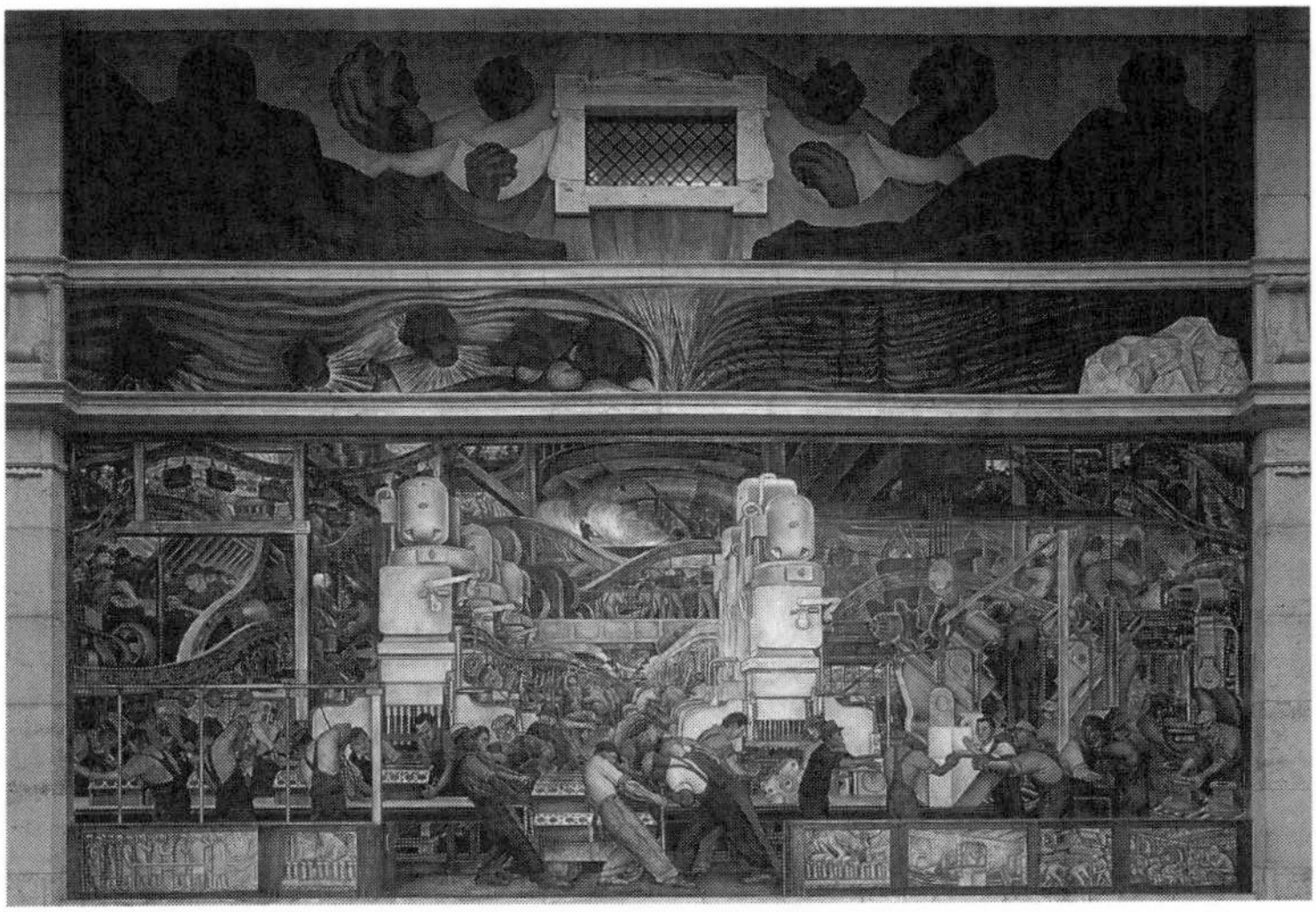

ディエゴ・リベラ「デトロイトの工業（北面）」（1932-1933）
デトロイト美術館

ているからです。でもそれは資本主義という数字ありきの社会だから、そういう発想になるのです。

わたしの大好きな画家にディエゴ・リベラ（1886 - 1957）という人がいます。彼自身は自分の血には七つの人種が混ざっているといい、南北アメリカ大陸を股にかけ、ものすごい密度の大壁画を描きまくりました。メキシコ共産党とも何度も喧嘩しました。パートナーのフリーダ・カーロとも別れたりくっついたりを繰り返しました。

リベラの壁画を見ていると、この社会を動かしているのは労働者なのだとわかります。そうです、誰にでも「わかる」ためにリベラは壁画という手段を選んだのです。

働く人々の腕はたくましく、発展しつつある機械類に飲み込まれそうになりつつも、押し返しているようです。そこに労働組合があれば！

リベラの壁画には必ず、多様な肌の色の人々が描かれています。マルクスは「万国の労働者、団結せよ！」と言いました。そのヴィジョンがリベラの絵にはあります。そうしたヴィジョンとしての共産主義について、わたしはもっと語り合いたいです。もっと違う働き方、もっと違う生き方、もっと違う死に方があるはずなのです。資本主義の中でそれを想像することは難しいけれど、リベラを含めたこれまでの人々の軌跡を追うことで、少しずつ見えてくるでしょう。今回の小論が何かの始まりになることを祈っています

中野・杉並界隈にいるわたしと共産党

ライター　和田静香

こんにちは、和田静香と申します。これまで主にエンタメについて書いてきた、政治分野では素人のライターです。でも、政治って私たちの生活そのもので、お財布開いて何か買う度そこに政治があると思っているので、臆せず書いていきます。

とは言え、共産党についての知識はほとんどありません。そもそも政治についてずっと何も知らないできたのだから、仕方ない。それでも「しんぶん赤旗」日曜版は購読しているし、なんと「赤旗」の1面に載ったこともある。さらに言えば『女性のひろば』という雑誌で、なぜか相撲についての連載をしていたこともある。だからまったく無関係でもないというか、けっこう濃厚なお付き合いをしている。

しかし、多くは仕事としてのお付き合いで、日曜版だけでも「赤旗」を購読する義理はない。じゃあ、どうして購読しているのか?というと、それは一人の区議会議員の存在があるから。東京・中野区の共産党の区議会議員、浦野さとみさんという方だ。

かれこれ12年前、東日本大震災からの福島第一原発の事故があり、中野区の隣にある杉並区ではいち早く大規模な反原発デモが行われた。２０１１年4月10日、杉並区・高円寺での「原発やめろデモ」だ。「私も歩きました」という方もいらっしゃるだろうが、ええ、私も何が何だか分からないまま、友達と誘いあわせ、生まれて初めてデモなるものをトコトコ歩いた。

1万5000人が参加し、全国に反原発デモが広がるきっかけになったという。

それで、隣の杉並区はあ〜んなすごいことやってるのに、中野区は何もしないのか？　と感じた有志の方々が集まり、反原発グループ「中野も」というちょっと杉並に便乗しちゃいました風な名称の会ができたのは、それからしばらくしてからのこと。「中野も」は杉並区のそれのようなドーンと派手なことはできないものの、中野区内で度々反原発デモを行うようになり、私はまた友達に誘われ、最初はなんとなく、次第に楽しくなって参加するようになる。

「中野も」のデモは、中野の公園から公園へ、そうそう多くない人数で歩いた。そこに毎回のように参加し、私たちのいちばん後ろを歩いていたのが当時まだ区議になって1期目だった、浦野さとみさんだった。

回を重ねるごとに、他の地域から来た議員さんやら名の知れた方も参加してくれるようになっていったけれど、そういう方はだいたい最初に挨拶だけして帰られるか、デモを歩いても最初の数分、いちばん前で横断幕を持ってニッコニコ……ってパターンで、なるほどお忙しい政治家とか有名な人ってこういうものなんだなぁ〜と私は知った。それはそれで、仕方ない。でも、浦野さんは来ると最後まで、私たちのいちばん後ろを歩く。私はデモなるものにはなかなか慣れず、歩くのも後ろの方がいいし、なんならフラッと途中で抜けるようなタイプだったので、浦野さんと並んだり、少し前を歩くことが何度かあり、よく話をするようになった。それで「私の住むアパートの近所の工事現場の放射線量が気になっているんだ」というと、わざわざ来て計ってくれたことがあった。

浦野さんは原発のことだけじゃなく、「なんでも相談してください」と声をかけてくれるので、その後私は隣の杉並区に引っ越してしまったくせに、何かあると図々しく浦野さんに電話をした。母親がお金に困ってるんだけど生活保護ってどうやったら利用できるのか？　とか、自分がバイトで不当な目に遭ったとか、さらには友達が困ってることまで相談した。その度に浦野さんは真剣に聞いて、考えてくれた。時には誰か紹介してくれたり。もう中野区民ではなく、私は隣の杉並区民だったのに邪険にしない。若いのに、いい人だなぁ～と思った。

それから幾星霜。3年前に私が中野区にまた引っ越してきたとき「しんぶん赤旗を日曜版だけでもご購読お願いできますか？」と頭を下げられ、「千円ぐらいならなんとか～！」と答え、「赤旗」の購読を始めた。浦野さんにお願いされたから、浦野さんを応援したくて「赤旗」の購読を決めた。

浦野さんは私が杉並区に行ってる間に徐々にベテランの区議として成長、活躍をしていて、あるとき友達といっしょに委員会の傍聴にも行って驚いた。浦野さんはめっちゃ鋭い質疑を繰り広げ、「やだ、かっこいい」「するどい！」「あそこで質問の順番変えて斬りこんでいくとか、すごくない？」「ひゃああ」などと、帰り道に私たちは興奮して大盛り上がりするほど。この人は議員としてすごい人なのだ！　と知り合って10年ぐらいして、傍聴で心から実感した。

２０２３年４月に浦野さんにとっては４期目を目指す選挙があった。そのときに街宣で浦野さんが最初に訴えていたことは生活困窮者支援だった。浦野さんがずっとコロナ禍における生活困難の人たちの支援に力を注いでいたのは、知っている。私は中野に戻ってきてから生活困窮者支援をする団体「つくろい東京ファンド」へしょっちゅう行き来くようになり、浦野さんはその活動にも縁の下からエンヤコーラ、手助けやら相談に乗ってきたのは聞いていた。中野の町を自転車でぐるぐる、いろんな人の相談に乗っている姿も何度も見かけた。とは言え、選挙である。

選挙で、生活保護だの、生活困窮者支援だのを訴えるって、いかんせんそれは地味すぎやしないか？　と思った。対象になる人は中野区民のごく一部かもしれない。学校給食費の無償化や高齢者の補聴器助成制度の実施といったことも議会でずっと質問していたんだし、まずはそこ、そういう、もっとこ〜子育て世代に訴求するような、高齢者を頷かせるような、なんていうか、ウケのいい、私に投票してくれたら、そういうの実現しますよ、あなたの生活にお得ですよ！　みたいな、キラキラする政策を訴えた方がいいんじゃないのか？　自分も生活がギリギリ苦しいくせに私は、そんな風に思った。思い出せば、自分もコロナ関連の給付金の相談を浦野さんにしている。でも、でも……。

浦野さんはしかし、譲らない。政治に大事なことはいちばん苦しい人を助けること――浦野さんのそれが政治信念なんだろう。絶対にブレない。生活困窮者支援のたいせつさを何よりも、選挙で訴えた。こんこんと語る。私の心配をよそにそれは中野区民の心に届いて、浦野さんは当選を果たした。

ちなみに中野区は「生活保護の申請は国民の権利です」と書いたポスターを作って区内に貼り出したり、生活保護を利用したい人が申請を躊躇する理由となる、「扶養照会」をする率が都内で最も低いという調査結果もある。浦野さんのこれまでの地道ながんばりは、少なからず影響しているはず。中野区は生活に困った人に、寄り添おうとしている。

そして4期目となってからも浦野さんは変わらず「何でも相談してくださいね」というので、「駐輪場が使いづらい」とか、「図書館が駄目すぎる」とか、私はいちいちメールする小うるさい区民になっている。何かあるたび「浦野さんに言いつけてやる!」と思って、「オレさまには浦野さんがいるんだからな、アッカンベー」みたいな気持ちでいる。子どもかっ?

でも、こうしてアッカンベーな区民になっているってことは、実は「区政に参加する」ってことだよなって、あるとき、ふと気づいた。ただ文句を言ってるだけのことだ。愚痴とも言う。けど、それを自分の中でただためこんでいないで、浦野さんというひとりの区議に伝えることは、実は区政に物を言い、参加しているってことだよなぁ〜って分かった。

「和田さん、それ、あたりまえのことですから。今さら何を偉そうに……」と言われたら、「いや、だから、政治の素人ですからね、私は！」と胸を張ってふんぞりかえりたい。あなたのような政治の玄人にはあたりまえのことも、私のような政治の素人はその発見にカンドーするんだよ、って。小さなカンドーだ。でも、小さなカンドーの積み重ねが大切なんだ。

「政治に参加しましょう」とか上から言われても、面倒くさいし、「わからない」し、何か言って「間違えたら」たいへんだと思ってしまう。だから口をつぐみ、知らん顔をする。どうぞ、お分かりになる方たちだけでやられてください、お任せいたしますから、と思う。

でも、そうじゃない。あれこれ日常で感じた「困ったなぁ」を、地域の議員さんに小うるさく伝える、愚痴る、「どうにかなりませんか」と相談する、「なんとかしてくださいよ」とお願いする。実はそれ自体が政治に、知らず知らずに参加していることになるなんて！　ワオー！すごい！　それなら、私でもできるじゃん！　政治を分からなくても、参加できるし、参加していいんだって思える。

そういうことだ。そういうことが本当に大事なんだ。私は威張って言いたい。そういうことが、大事なんだよって。

ああ、だから、私は共産党へ心からお願いしたい。「全国に浦野さんを！」と。「何かお困りごとがあったらお近くの共産党議員へ気軽に相談してください」と全国に広げてほしい。

「和田さん、それ、もう、とっくにやっていて、みんな知っていますよ」

そう、また指摘されるかもしれない。でも、「みんな」って誰だろう？　あなたの知ってる範囲の、あなたが想像できうる限りでの「みんな」じゃないのか？　と問いたい。

「みんな」知っていると、あたりまえのことだと思っているものこそ、もう一度、いや、何度でも、大きな声で言ってほしい。特に政治分野に於いては、それがすごく大事だと思う。「みんな知っている」――それは大きな罠だ。「みんな知っている」は、意外と知られていない。「あたりまえ」は、あたりまえじゃない。

「愚痴でもいい。文句でもいい。生活していて、これ困ったなぁと思ったら、まずは身近にいる、共産党の、町の議員に伝えてくださいよ！」って、大きな声で、小さな声で、何度も何度も、伝えてほしい。そして聞く方の議員は、浦野さんのように、「うん、うん」と常に耳を澄まして欲しい。伝えた人と一緒に、地域の、町の政治を、そこから作ってほしい。

地域から政治を作る――共産党にはその先頭を走ってほいい。共産党はそれができる政党だと、私は浦野さんという自分に身近な、ひとりの区議を通じて信じている。2023年4月30日付で、地方議会には共産党の議員さんが2383人いるという。2383人がそれを言って、実行していけば、その政治のチカラはとてつもないと思う。

そして、できれば、もっと全国に浦野さんを増やしてほしい。２３８３人にプラスして、全国に浦野さんを増やすのだ。現在、全国に２３８３人いるという共産党の議員さんのうち、女性は９７２人だという（２０２３年４月30日付）。となると、男性議員は今、１４１１人いることになる。１４１１－９７２＝４３９。とりあえず、今あるその差４３９人、それを増やしてほしい。新たに共産党の女性議員、もしくは多様なジェンダーの議員を各地に増やしてほしいのだ。そうしたらもっともっと話しやすいし、もっともっと多くの、私のような生活者が政治に参加できるはずだ。だって浦野さんが女性議員であったからこそ、私は話しかけやすかったし、なんでも言えてきた。もちろん共産党の地域の男性議員にもいい人はいるけど、やっぱりプライベートなことを相談するのは躊躇する、女性の私には。だから、女性の議員を、さまざまなジェンダーの議員を。共産党はまず４３９人、増やしてほしい。

じゃあ、どうしたら女性、さまざまなジェンダーの議員を増やせるのか？　それは私が住む中野区の隣、杉並区に好例がある。

杉並区では２０２３年４月の区議会議員選挙で、男女同数の議会になった。元々の議員数「女性15、男性32、欠員1」から、「女性24、男性23、性別非公表1」という構成になった。杉並区こそ、区長の岸本聡子さんを中心に「地域主権の政治＝ミュニシパリズム」を政策として宣言、少しずつ実行に移している。

この動きは多くのメディアで取り上げられ、「杉並区では『住民思いの杉並区長をつくる会』という市民の会が区長選挙の少し前に立ち上り、岸本さんが立候補し、そこから区民一人ひとりが頑張った」という話は有名だ。区民が駅頭に立って「ひとり街宣」というものを繰り広げたと、度々言われている。でも、それだけじゃない。大元をたどると「杉並区では昔から市民運動が盛んで、1950年代の『原水爆禁止署名運動』まで遡る」と、何度か耳にしたことがある。それで私、ライターだもん。調べてみることにした。

まずは杉並区役所のホームページに「原水爆禁止の声を、杉並から世界へ」と題した紹介文が書かれていたのを読んだ。

昭和29年（1954年）、ビキニ環礁におけるアメリカの水爆実験により、日本のマグロ漁船第五福竜丸をはじめとする多数の日本漁船が被爆しました。乗組員は「死の灰」と呼ばれる放射性降下物を浴び、漁獲物も汚染されました。当時、遠洋での漁獲類は日本人の貴重なたん白源でしたので、汚染された魚や「死の灰」に対する不安が国民の中におき、日本各地で水爆実験への抗議や反対の声が上がりました。

なるほど。それに続いて、

杉並区では、4月に杉並魚商組合がいち早く水爆実験に反対の声を挙げ、杉並区に陳情請願書を出し、翌17日には杉並区議会でも水爆禁止の決議がなされます。台所をあずかる女性たちも水爆禁止の訴えをはじめました。

とある。

そこに載っているのは「公民館で署名簿を整理する婦人たちと水爆禁止署名運動のポスター」という写真だ。署名簿を整理する婦人たち？

さらに気になり、杉並・荻窪図書館まで自転車をギコギコと漕いで行っていくつか本や資料を読んだ。すると『杉並の女性史——明日への水脈』（杉並区女性史編さんの会／ぎょうせい）という本に、菅原トミ子さんという女性の「魚商として原水禁署名を始めた」という手記が載っていた。1907年（明治40年）生まれで、杉並区和田2丁目に住まわっていた方だ。

それによると1954年3月17日の午後3時20分ごろ（すごい記憶力！）、ラジオが水爆実験と第五福竜丸の被爆を伝えたという。ビキニ環礁で死の灰をあびたマグロからは高い放射線量が検出されたと。菅原さんはこう書いている。

私の魚屋は、このニュースが報道されると同時に魚の売れ行きがパッタリと止まってしまった。最初のうちは二、三日ぐらいだと思っていたが、一週間たっても一〇日たってもいっこうに魚は売れず市場までが休業に追い込まれていく始末。これは、魚を取り扱う者にとって、水爆が生命と健康を破壊する恐ろしい兵器であると同時に、生活に直接ひびく死活問題だった。

そこで3月下旬には杉並や浅草の魚屋や寿司屋、仲買人ら500人が原水禁署名を始める。ポスターを貼り、署名を集め、市場内の公会堂で「水爆被災対策漁業者大会」を開いてアメリカ大使館や国税庁、都議会へと抗議や陳情を行い、新聞にも大きく報道された。死活問題だもの、そりゃ焦ってやるだろう。

そして1954年4月16日に、菅原さんは公民館で行われていた「第六回婦人週間の催し」に出席。そこで「魚屋の組合が水爆反対の署名をとっています。杉並婦人団体協議会のみなさんも署名をしてほしい」と提案した。すると、集まった女性たちが「やろう!」と声をあげ、大きなうねりが起こる。

実は杉並区ではその年の1月に、区内で市民運動をする女性たちの団体が集まり、会長をおかずに同等の資格でリーダーになりあう、当時としては新しいネットワーク型の女性協議会が立ち上がっていたという、タイミングの良さもあった。それが菅原さんの言う「杉並婦人団体協議会」だ。

さらに深掘りすれば、杉並区で女性たちが1950年代と早くから市民運動をしていたのは、戦後の配給生活の中で結束を強め、「主婦の会」が地区ごとにつくられたのに端を発するという。1952年には杉並区・荻窪に「公民館」が建設され、ここで主婦たちが定期的に勉強会を開いていく。折しも朝鮮戦争の只中だった。その年の5月には全国に再び広がりつつあったという「隣組」復活の動きに反対する、署名運動も始めている。

なんと！　戦時中に大政翼賛会の末端組織として、国家総動員法を躍進させるためにつくられた「隣組」が復活しようとしていたとは、知らなかった。その役員を戦争中にしていた男性たちに女性たちが「復活させないで」と反対の声をあげても、そ知らぬ顔だったらしい。そこで杉並では女性たちが署名を始めたのだ。戦争が終わったら日本中が反省したと思い込んでいたが、そうでもなかったんだなあ。

女性たちは「戦争はもう嫌だ」、「子どもたちを戦争に送り出したくない」と強い想いを持って、公民館に集まって勉強会を開き、署名を集めた。

さらに1952年9月には参議院初の女性議員である高良とみを呼んで、講演会も開いている。高良とみはその直前に中国やソ連と平和外交の交流をしてきたところだった。そうした活動に共感していた杉並の女性たちが200人以上集まり、高良と語らい、杉並の女性たちの結束は日に日に高まっていたそうだ。


そういう下地があっての、1954年の原水禁署名運動だった。女性たちは上下関係なく横に連帯し、署名運動の経験もすでにある。正式に始めたのは5月9日。公民館に女性団体のリーダーたちが集まり、「水爆禁止署名運動杉並協議会」が結成され、「杉並アピール」をかかげた署名簿がつくられた。「二重署名」をふせぐために地域わりを決め、それぞれ担当する地区をまわり、署名を集めた。駅前で、道端で、さまざまな方法で行ったが、「女は静かに家にいろ」とののしられることも多々あったとある。

それでもなんでもあきらめず、わずか1か月後の6月3日には署名26万6000筆を集める。当時の杉並区の人口は39万人だ。全人口の7割もの署名を集めた女性たちのパワーがすごい。もちろん、これには男性の区民たちも協力している。署名運動は日本全国に広がり、翌1954年9月には3259万筆（日本の15歳以上の約6割にもあたる数）の署名が集まったという。こうして原水爆禁止運動は世界にも広がっていく。本当にすごい。大拍手だ。
しかし、女性たちがなぜそこまで頑張れたのか？
それは、女性たちは戦前、政治に参加できなかったからだ。それゆえに「喜んで」と息子を戦場に送り出さなくてはならなかった。その悔しさが、悲しみが、苦しみが、怒りが原動力となって、女性たちは動いた。日本で女性が参政権を持てたのはご存知のように、終戦の翌年の1946年からだ。

その後も杉並の女性たちは「原水爆禁止署名を集めたのは私たちだ！」という強い自負を持ち、市民運動を続けていく。署名運動の翌年1955年には「杉並母の会」が結成され、初めての「杉並母親大会」が6月に公民館で開かれる。これはその後毎年のように開かれ、女性たちの運動を支えていく。

区の教育予算や保育所のため「区議はどんな努力をしているか」などについて討議を行い、杉並母親大会は、社会保障費や教育費の増額、日本の軍事基地をなくす、原水爆戦争の危機がなくなるまで杉並の母親はたたかう意志を「決意文」とした。

（婦人民主新聞／1955年7月3日）

う〜ん、実に頼もしい。

1957年には区の社会教育課に働きかけ、「婦人学級」を開設。公害被害、食品添加物、環境問題などを学習し、話し合い、やがて「杉並消費者の会」が結成される。

さらに1967年には杉並・沓掛小学校のPTA会長に石崎暾子が就任し、「PTAが学校運営費を負担するのはおかしい。もっと公費を要求しよう」と提案し、それに成功するという から、すごい！ その後、石崎さんは女性では都内初、杉並小中PTA協議会の会長にも就任し、そこから杉並区ではPTA活動も活発化する。教科書検定問題、日の丸掲揚、君が代斉唱問題などさまざまな教育問題に提言をし、運動を繰り広げる。また「希望するすべての子に高校を」と高校増設運動を展開し、1979年には永福高校の開校も実現している。1980年代には一部の中学で制服の自由化もあった。

杉並区では戦後こんな風にして、ずっと女性たちが市民運動を繰り広げて来た。私の手元には今、「杉並母の会（その後、杉並母親連絡会に名称変更）」が1962年5月に発行した「杉並母親しんぶん」のコピーがある。

私どものあゆみももう七年を迎えました。かえりみますと、私どもは今から七年前にビキニ事件から立上り、あの運動の成果から何を学び、何を感じとった事でしょう。それは母親一人の力は弱いけど、一つに結びあった時はそのチカラはすばらしいものだと云う確信と戦争のない新しい世界が、私たちの力でかちとる事が出来ると云う確信ではなかったでしょうか。

こういう力強い言葉のあとに、7年たっても毎月「原水禁運動行動日」を設けて（6日と9日）、被爆者救済と全面軍縮をかかげて杉並区内の中央線の駅頭に立っていることが書かれている。公民館での勉強会も月に一度あり、「むづかしいけれど、知らなければならない国際的なうごきについて」学んでいると書いてある。さらに運動全体としては「安保の戦い、小児麻痺運動、高校全入学、保育所作り」に取り組んだそうだ。

「すっげー!」と私など叫んでしまうのだが、その文の横に「区長は私たちの手で」という文が書かれているのを見つけた。それによると「四カ月区長が空席」で、「共産党と社会党の反対を押し切って、おてもり選任を強行した」とある。なんのこっちゃ？と調べてみたら、私の無知をさらすが、1952年から1975年まで東京23区では「知事の同意を得て、区議会が選んだ人を区長とする『議会選任制』が導入」されていたというから驚いた。ぜんぜん知らなかった。23区は都の「内部団体」という位置づけだったとか聞いて、「うっそー！」と叫びたい。

しかし、「区長は私たちの手で」と書かれた1962年は、残念ながら議会の選任で菊地喜一郎という人が選ばれてしまう。しかも3期も区長を務め、1975年に選任制が廃止されて公選制になってからも2期区長に選ばれ、1983年4月まで区長だった。20年以上も一人の男性が杉並区長を務めていたのか、と驚く。「私たちの手で」と願い続けた人たちの落胆はいかほどだったろう。

それでも、杉並区では女性の市民運動がずっとずっと続けられてきた。きっと、何度もイヤになったり、あきらめかけたり、挫折した人も大勢いただろう。それでも「区長は私たちの手で」と願い、教育や様々な分野でひとつずつ実現を目指して運動をつづけた。そして念願の市民運動からの区長が2022年6月、誕生する。男女同数議会が成立したのは2023年4月だ。なんと、60年だ。女性たちの運動そのものが始まってからは70年だ。でも、女性区長と、男女同数議会という2つの大きな形に結実した。原水禁署名を最初に呼びかけた、魚屋さんだった菅原トミ子さんは空の上で喜んでいるだろうか。ちなみに菅原さんは1956年から、共産党の杉並区議会議員として活躍した。

女性の議員を、さまざまなジェンダーの議員を、共産党はまず439人、増やして、地域からの政治を発展させてほしいが、どうしたら議員を増やせるだろうか——その答えはこういうことだと思う。60年がんばれよ、じゃない。疑問や不安があるなら声をあげ、あきらめず、学び続け、やり続ける。運動から議員を送り出す。あたりまえのこういうことしかないんだと思う。2022年の岸本区長を誕生させた起爆剤の「ひとり街宣」は、こうした地道な長い、長い努力の上にあったからこそ成功したと思う。それを共産党も、そして私たち市民も理解し、覚悟し、前に進んでいくしかないんだなぁと改めて思う。私にもできるかな？　分からないけど、とりあえずやってみるしかない。浦野さんといっしょに。

本気で政権を目指せば見えてくるものがあるはずだ

憲法学者、慶應義塾大学名誉教授
小林　節

1　私は、志位和夫という人物が好きだ

まず、本稿を執筆する前に私の立場を明らかにしておく。

私は、今では74歳だが、29歳でアメリカ留学から帰国して、30歳で大学の教壇に立って以来、憲法学者として現実の政治とは逃げずに深くかかわってきた。それは、私が学んで多大の影響を受けたハーバード大学の憲法教授たちが現実の政治と関わることも学者としての社会的責任の一部だと心得て実践していたことが正しいと思えたからである。もちろんそれは、「御用学者」として政治家に「言い訳」を提供する役割ではなく、あくまでも問われた課題について自分の学識と良心に照らして見解を述べる役割である。だから、特定の政治家（グループ）と対立せざるを得ないこともしばしばあった。しかし、その結果、私は、首相経験者を含む、与野党の多数の政治家に接する機会を得た。そこで、人間を学ばせてもらった。

その中で一人だけ「人物」だと思われる者を挙げろと言われたら、私は躊躇わずに「志位和夫」共産党委員長を挙げる。

それは、私が直接お会いした有力な政治家の中で、あれ程「穢れた」政界にいて、氏ほど純な人物はいないと思うからである。学者として「論争癖」が人格の一部になっている私は、場

所を弁えず、誰にでも論争を吹きかけてしまう。志位氏にお会いする機会などめったにないので、その際にもつい質問をしてしまうことがある。そういう場合でも、嫌な顔一つせず、志位氏は論点を逸らさず正確かつ誠実に答えてくれる。どこで遭遇しても志位氏のこの姿勢に変わりはない。他の大物政治家なら、論点に答えずにはぐらかしたり、場合によっては質問をしたことに対して露骨に不快な顔をする。もちろん、氏の頭の良さも魅力である。

だから、志位委員長のような好人物が指導する共産党に、私は期待している。なぜなら、政治は、本来的に不完全な人間が巨大な権力を預かって全国民の利害の調整を行い、結果として全体の幸福の増進を図る業である以上、その権力担当者の「人格」は決定的に重要だからである。

志位氏の周りには、山下芳生副委員長や小池晃書記局長といった好人物の論客もいて話すと楽しい。穀田恵二国対委員長も人間として器が大きい。それでいて、皆、どこか青年のように純なところがある。私にとって、これが共産党の魅力である。

2　その上で、共産党にいくつか、期待を込めた注文をしておきたい

(1)「共産主義」の正当性をもっと語るべきである

福祉の向上と平和の維持を求めて論陣を張る共産党に好感を持つ人は多い。同時に、「共産主義」という言葉にアレルギーのような反感を持つ人も多い。いずれも私の周りに沢山いる。そこで、よく、「共産党の言っていること（政策）は良いが、『共産党』という名前のイメージが悪い（つまり誤解を招く）から、党名を変えたら良い」と言う「善意の第三者」は多い。私もかつてはその一人だった。

その「共産主義」と言う単語の評判が悪いのは、明らかに旧ソビエト連邦（現ロシア）と中華人民共和国と北朝鮮のせいである。

マルクスが共産主義革命を唱えた際の条件は、資本主義経済が高度化して、その自己矛盾から、いわば熟柿が落ちるように共産主義に移行するという話であったはずである。しかも、マルクスは暴力革命には論及していない。

ところが、帝政ロシアも中国も朝鮮半島も、「革命」当時、産業革命を経て発展した高度の

資本主義経済などとは呼べる段階ではなかった。国民に配分できる経済的資源も十分には存在しかった。階級制度が残っていたし、識字率も低く、民主主義も人権意識も経験していなかった。その様な背景で、暴力革命で政権を握った自称「共産主義」政権は、期待を裏切られた民衆の暴発を抑えるために、必然的に官僚と軍隊による恐怖政治にならざるを得ず、自由も民主主義も豊かさもない国になってしまった。だから、ソ連や中国や北朝鮮の革命政権は言葉の正しい意味での「共産主義」政権ではない。単に軍事力（と言うよりも公安警察力）を前面に出した政治家と官僚による専制国家に過ぎない。

その点で、今の日本は、正に高度な資本主義の段階にあり、「新自由主義」などと称する弱肉強食の凶暴な資本主義政策の遂行により、計算上は豊かな社会でありながらも国民の多数は明らかに貧困に陥っている。しかも、酷い格差社会になってしまった。だから、今こそ、日本国憲法14条と25条が保障している平等な福祉国家を実現すべき時で、そういう意味で本当の「共産主義」経済に転換すべき段階にあるのではないか。

資本主義は、資本の私有を人権として認めており、だから、資本の自己増殖は自由で「正義」である。そこから、経済成長至上主義と国民間の格差の増大も許されることになってしまう。

その点で、改めて共産主義を国是として採用したら、公有化された資本を活用して国家レベルで計画して生産するものは国民生活を満たすに十分なだけで良いわけで、資本家の無限の欲望を満たすための過度な経済成長も自然環境の破壊も必要がなくなる。そして、ソ連や中国で経験した、政治家と官僚による権力の乱用と国民に対する弾圧については、民主政治の体験があり人権意識も確立したわが国では、権力の相互牽制と国民による権力に対する民主的な監視を法制度として更に工夫すれば、ソ連や中国で体験した悲劇を回避することができるはずである。

だから、日本共産党は、「新自由主義」政策の結果、主権者国民が貧しく不平等で不幸になっている現状を改善して、政治の使命である、自由で豊かで平和な国家生活を実現するために、いわば「共生の政治原理」としての、本来の「共産主義」を今こそ堂々と主張すべきではなかろうか。

そういう意味で、日本共産党の綱領等を（読みにくいものではあるが、我慢して）読んでみたら、以上のようなことはきちんと書かれている。しかし、共産党は、このように重要なことをもっと公然と語るべきであるにもかかわらず、広く主権者国民に対して語ってきた印象がない。だからこそ、共産党は、自分たちについて（学び直して）もっと語るべきで、そうして、「共産党」に対する誤解を自分で解くべきであるし、解けるはずである。しかし、実際には、そういう街宣に出会ったことがない。

また、日本共産党は、旧ソ連や中国の共産党からの干渉とも戦ってきた歴史があり、そういう意味でも、ロシアや中国の現状を基にした共産主義批判に連座するいわれはないはずである。

(2) 自衛隊に対する評価を定めるべきである

①「自衛隊アレルギー」

先の統一地方選の際に共産党の街頭演説を聞いていたら、ある政令指定都市議員候補者が、唐突に「自衛隊は市民を守りません。基地を守ります」と叫んだのには驚かされた。そこには自衛隊に対する「敵意」が感じられた。

まず、国政と地方自治の役割分担をここで確認しておく。

外交、防衛、貿易、通貨管理、司法などは国の専管事項である。それに対して、医療、福祉、教育、農林水産などは、国が法律と予算で一律に基準を定め、その上で、各地方の実情と実力に応じて自治体が具体的に対応する仕組みになっている。だから、「防衛」は本来、地方自治の論点ではない。(もちろん、国家としての必要から来る負担(米軍基地)を一つの自治体に過剰に押し付けている沖縄においては、防衛は「地方自治の本旨」に関する大問題であるが、これは例外である。)

にもかかわらず、上述の候補者は、街宣カーの上に上げられて、咄嗟に、言いやすい(つまり、言い慣れた）ことを言うかのように、「自衛隊批判」を始めた。

自衛隊が軍隊であるか否か？　合憲であるか否か？　の問題を今は留保するとして、自衛隊の仕事は、日本に外敵が侵入してきた場合にその敵軍を迎え撃って撃退することにある。だから、「基地を守る」というのはそもそも的外れであるが、実際には自衛隊は私たち一般国民の「ガードマン」ではない。諸国の法制を見ても、「軍隊」は、「外敵と戦う」ために存在しており、非常時の国民の保護は地方自治体の責任である。

ただし、大日本帝国の時代に、日本国民は不幸な体験をさせられてしまった。当時の軍隊は憲法上、天皇の軍隊で国民の軍隊ではなかった。だから、敗戦直前の危機的な状況の中で、天皇の軍隊が国民を犠牲にして自らを守った事例が多発したようである。その結果、今でも、沖縄戦の体験者たちのように理屈抜きの「軍隊アレルギー」を持つ人も多く、それが、日本国憲法下での防衛論議や自衛隊論議を複雑にしているきらいがある。

しかし、私たちが警戒すべきは、「自衛隊」そのものではなく、その自衛隊を、憲法の制約を超えて悪用しようとする政治勢力であることは、忘れないでほしい。

②「自衛隊活用論」は何だったのか？

数年前に都内の集会で志位委員長の講演を聞いて、私は、納得し、安心した。「自衛隊活用論」である。それは、大要、次のものであった。

ア、自衛隊も日米安保条約も憲法9条の本来の意味に反するものであり、それらを将来は解消すべきだという目標を持つことは私たちの良心の自由（憲法19条）である。

イ、しかし、それを今すぐ実行できるとは思わない。だから、現状で有事になれば存在する自衛隊等を活用してこの国の独立と国民の生命と財産を守る。

ウ、しかし、将来、国際情勢がそれを許し、かつ、主権者国民の過半数がそれを許せば、自衛隊と日米安保の解消を行う。

これは、理想を忘れず現実を直視した筋の通った見解であると私は思う。

ところが、ウクライナ戦争が勃発した途端に、共産党は、吹っ切れたか開き直ったかのように、「9条に基づいた平和外交」一本槍の主張に転じた。

これが、世界史の現実とも現在の世論とも合わないことは明白だと、私は思う。今、世界は、ロシアによる国際法違反の侵略戦争という現実を目撃しており、同時に、やむを得ず武器を取って「専守防衛」で自国の存続と残った国民の生命と財産を辛うじて守っているウクライナの現実を日々見せられている。そのような状況の中で、ロシアと中国と北朝鮮という隣国からの脅威を前にして、自分たちは日米安保（米軍）と自衛隊によって守られて存続している安全地帯にいて、国際社会において当事者能力が認められているとは言い難い日本の国民が、「武器はだめだ！　平和外交だ！」と叫んで、なんの説得力があるのだろうか。私は、効果は「無い」と思う。

③ 9条の法意

ここで、この後の議論を混乱させないために、憲法9条の意味を確認しておきたい。

1項は、「国際紛争を解決する手段として」の戦争を放棄している。これは、パリ不戦条約（1928年）以来の国際法の確立された用語上の慣行として、「侵略戦争」のみを放棄しているという意味で、つまり、ここでは自衛戦争はできることになる。しかし、2項が、「陸海空軍その他の戦力」の不保持と「交戦権」の否認を決めている。つまり、日本は、国家として、国際法上の「戦争」を行う条件としての「軍隊」の類と「交戦権」のいずれも持たないと世界に向かって誓ったわけである。これでは、侵略戦争に襲われた際に「自衛戦争」をすることもできないことになる。これは、日本ほどの大国が、「何があっても戦争はしない（できない）」と自らの手を縛ったわけで、画期的なことである。もちろん、これを「半人前」の国家にされた「押しつけ憲法」だと怒る人もいる。それがいわゆる「自主憲法制定派」の基本思想（怨念）

である。しかし、日本国憲法が、第二次世界大戦の敗戦国としての日本の世界に対する「詫び証文」である以上、それは仕方のないことであった。と同時に、それが非現実的なものであったとしても、人類の一員としては、理想主義的な正しい挑戦ではあった。

しかし、現実には、1945年に北海道占領を目指したソビエト連邦（現ロシア）が北方4島まで進軍して来てアメリカに押しとどめられていた。また、49年に中国内戦を共産軍が制した。さらに、51年に朝鮮戦争も始まった。そこで、現実に他国軍が日本国内に攻め入った場合に他国の軍隊に対抗し得るわが国の「軍事力」の必要性が課題になった。

しかし、憲法により、国際法上の戦争の担い手としての「軍隊」の保持は禁じられている。そこで、行政権（憲法65条）の一環としての警察の手に余る危険を除去するための実力組織（警察予備隊）としての「自衛隊」が創設された。もちろん、自衛隊は、警察である以上、「国内」でしか活動はできず、海外（他国領域）で軍事活動をしたら、国際法上は海賊か山賊（つまり、犯罪者）になってしまう。だから、「海外派兵は憲法違反」なのである。

④「非武装・平和外交」で国の独立は守られるのか？

最近、「世界には20か国以上も軍隊を持たない国があるが、その中の一つも侵略されていないではないか！」などと、無責任なことを公言している憲法学者？がいる。しかし、これは極めて重要な点であるので、私は憲法学者として反論しておきたい。確かに現在の地球上で、20以上の国が「軍隊」を持ってはいない。だが、その多くは日本の自衛隊のような警察部隊を持っている。コスタリカ、パナマ、ドミニカ、グレナダ等である。また、他国軍に国防を託している国もある。リヒテンシュタイン、アイスランド、アンドラ、モナコ、サモア等である。しかも、全て、日本と地勢的位地が違い、日本のように歴史的な恨みを買ってもいない。だから、現在、世界の中で、日本を含めて、「非武装」で国の独立を守っている国は、事実として、一つも存在しない。

⑤「専守防衛能力の維持＋外交努力」で国は守られるものだ

世界の現実を見れば、各国の独立は防衛能力の維持と日々の外交努力によって守られている。

世界史の中で、アメリカ、ロシア、中国といった大国は、平然と国際法を破り、侵略戦争を行っても自ら責任を取ってはいない。だから、今、自公政権が問答無用で推し進めている自衛隊を米軍の二軍化する政策は、いつか日本がアメリカの侵略戦争に自動的に参戦させられてしまう危険性を孕んでいる。それでは、日本は、国際法と憲法に違反してしまう。それ以上に、それは私たちの多数の意思に反してしまうし、何よりも私たちの利益に反する。これを止めさせるために、立憲野党は連帯して、その不当性、違法性、危険性を主権者国民に知らしめるべきである。

にもかかわらず、街頭で、「戦争をする国にしてはいけない！」と騒いでいる人々を見ても、何かピンと来ない気がする。そこでは、それが「なぜか?」と「ではどうすべきか?」が語られていないので、大衆の心には届かないのではないか。

(3) 政権を目指さない政党は無意味だ

「政党」とは、自分たちの信条と政策を掲げて選挙を戦い、政権を獲得して、自分たちの政策を実現することで全国民の福利を向上させることを目的とした、結社である。だから、支持を広げて政権を目指さない政党は政党ではない。

しかし、実際に、共産党がやっていることは、自ら孤立を深めて「少数派」に閉じこもろうとしているようにさえ見えてしまう。

まず、「共産主義」批判に対して、大衆が理解できる場所で理解できる言葉で反論しているようには見えない。新自由主義政策の結果として社会の貧困と不平等が限界に達した今こそ、「共産主義」者なら語るべきことがあるはずだ。

また、ウクライナ戦争が始まって以来、各地の駅頭で「平和外交」一本槍の原稿を棒読みしている老人の姿は、まるで大衆の共感を拒否しているようにさえ見える。国民のサイレント・マジョリティ（無党派中間派）は、ウクライナ戦争の現実を見て、専守防衛の質の向上は必要だが、だからと言って米軍の二軍化で戦費破産することは嫌だと思っているのではなかろうか。

自分たちの「理想」を捨てる必要はないが、その理想に近づくために今は中間派と連帯して政権を獲得することは、何も恥ずかしいことではない。極右の軍国主義者に国を壟断されないために、「その他」立憲主義者たちが連帯することは、何もやましいことではない。それこそ「大同小異」である。先ずは、立憲主義諸党派が「憲法を守り、憲法を回復する」という一つの旗の下に連帯して、選挙で自公「野合」政権に勝たなければ、話は始まらない。小選挙区制度を中心にした現行選挙制度の下ではこれ以外に政権交代の方法はない。その他の論点に関する意見の違いなど、政権を獲得してから、自公がやっているように改めて協議して詰めれば良いことである。

3　本気で政権を目指してほしい

最近、気づいたことだが、共産党員の多くはもはや選挙で勝って政権に入る気持ちなどなくしてしまったのではないか。だから、世間の反応など気にせずに、自分たちが「正しい」と信じてきたことだけを語っているのではないか。もう一度、「志」を思い出してほしい。そうすれば、自分たちの理想を捨てずに現実を忍耐強く変えていく方法が見えてくるはずである。私は期待している。

護憲政党の最後の砦となれ

政治学者、高千穂大学教授
五野井郁夫

労働者はただ、政治家のような連中が人間らしい生活の最低限と考えているものを要求しているに過ぎない。充分な食べ物、繰り返し襲いかかる失業の不安からの解放、自分の子供が差別されないという保障、一日一度の入浴、あまり汚れないうちに下着が取り換えられること、漏らない屋根、一日の仕事が終わってからも少しは精力が残っている程度の労働時間。

(ジョージ・オーウェル著、小野協一訳「スペイン戦争回顧」『オーウェル評論集1 象を撃つ』所収、平凡社、1995年、89頁)

監視社会への警鐘を鳴らした『1984』や、全体主義批判を行った『動物農場』で知られるジョージ・オーウェルは、共産党批判の急先鋒として知られている。第二次大戦中に相次いで発表した『ライオンと一角獣』や『左派の裏切り』では、より直接的に痛烈な共産党批判を展開した。他方で、独裁に対する抵抗の主力は労働者であったとして、働く者たちに重きを置いていた。

冒頭の文章はオーウェルが1940年に発表した「スペイン戦争回顧」の一部である。これらのつつましやかな「人間らしい生活の最低限と考えているもの」の多くは、日本国憲法第25

条1項の「健康で文化的な最低限度の生活を営む権利」たる生存権として保障されている。にもかかわらず、これらの最低限でつつましやかな要求は、現在の日本で働く者たちにとって、より切実な要求となっていることも事実である。

働けど働けど、われわれの生活はいっこうに楽にならない。「ワーキング・プア」と呼ばれる、就労はしていても貧困から逃れることのできない働く貧困層は、ますます増えるばかりだ。格差社会は常態化し、若者たちが過労死するまで使い潰すブラック企業が大きな顔をしている社会になってしまった。たとえ日本の株価は上がっても、ノーベル経済学賞を受賞したジョセフ・スティグリッツは『世界の99％を貧困にする経済』などの著作で、アメリカ合衆国を事例にして、富裕層が豊かになればそのおこぼれが中間層や低所得層へ滴り落ちるというトリクルダウンは、現在まで歴史の事実として確認できないと指摘しており、この「失われた30年」のなかで実際に起きなかった。

では、われわれのつつましやかな要求を実現してくれる政党はどこか。10年前の参議院議員選挙の前哨戦と目された先の都議会議員選挙では、多くの有権者が自民党と公明党に、最低限の人間らしい生活、すなわち充分な食べ物や失業の不安からの解放などを求めた。自民・公明両党についで得票数を獲得し、２００９年の都議選の7議席に比べてじつに約2倍の17議席を獲得したのが共産党だった。当時は護憲を掲げ、消費税増税の中止や「反ＴＰＰ」「原発即時ゼロ」を強調することで、政権党である自公や、「慰安婦」発言などで失点を重ねた日本維新の会への批判票を集めることに成功した。都議選での議席増はじつに16年ぶりだった。

だが、その10年後の２０２３年の統一地方選で大きく議席を減らし、退潮傾向が鮮明となった。議員選で失ったのは計１３５議席にのぼり、これまで有していた議席の1割強となっている。高齢化と人口減少に伴う党員減少などによる基盤の低下ならびに、「野党共闘」路線に対する与党側の潰し工作とそれに対する立憲民主党の動揺によるあおりをまともにくらい、真面目に野党共闘路線で立憲に譲歩していた共産党は「正直者がバカを見る」形となってしまった。

党員の異論に対する「除名騒動」については、現代民主主義理論を学ぶ者からすれば単純な投票だけが代表選出や意思決定のすべてではないため、結社民主主義（associative democracy）のような20世紀初頭のハロルド・ラスキやイギリスのニューレイバー後の労働党のブレーンの一人であったポール・ハーストらが唱えていた民主主義の意思表明の議論を援用すれば問題がなかったところ、そうした政治理論的な説明が党員の外向けには説明できておらず、また筆者の元にも現役の党員複数名から檄文のような内部告発の手紙が送られてきた。これについては外野から言えることはさほど多くないが、とにかく党内での指導部と一般党員との対話を地道に行っていく以外ない。

おそらくいま共産党の党運営に必要なのはこれまでの結社民主主義的な方向性に加えて、やっと世界的にも定着しつつある熟議民主主義的な対話であろう。つい近頃、ＯＥＣＤ（経済協力開発機構）著、日本ミニ・パブリックス研究フォーラム訳で『世界に学ぶミニ・パブリックス：くじ引きと熟議による民主主義のつくりかた』（学芸出版社）が名古屋大学の田村哲樹教授らの監訳で日本でも翻訳されたところである。同著には具体的な熟議やフォーラムの仕方も記されているため、これまでの党組織とは異なる党員間のコミュニケーションの手法として参考にされても良いのではないだろうか。

ここまでは共産党内の話に終始したが、共産党員以外の人々は共産党をどう見ているのだろうか。２０２３年4月9日、23日に投開票された統一地方選で、共産党は痛手を負った。前半戦の道府県議選と政令市議選でそれぞれ22議席減、後半戦の市区町村議選でも91議席を減らすこととなった。得票数で観ても合計で42万２５６６票であり、前回比で90・７％になっていた。それでも、政党間の得票率に注目すると２０２２年の参院選比例代表選挙での得票率は９・31％であったが、今回の選挙での得票率は10・40％と、１・09％上昇していたため、これはまだ巻き返し可能な範囲であろうと思われる。

そのヒントになるのはやはり女性議員数であろう。前回の統一地方選挙直後に筆者の周囲で話題になっていたのは、東京の地方自治体における女性共産党議員の躍進である。東京での当選者のうち女性は48・8%（前回より2人増）となり、前回に続いて女性議員数としては第1党となった。立候補者数にパリテを導入する視点などが評価されているのだろう。この女性の声をしっかりと聞き地方自治から国政まで政策に反映できる政党としてのイメージをさらに定着させる必要がある。この点で言えば、いまだにとくに女性のセックスワーカーの権利等について硬直的な理解が赤旗や一部議員などに目立ったことがあったため、当事者らの声にしっかりと耳を傾け認識を改めることを強く促したい。

そしてやはり共産党が訴えるべきは護憲と平和主義、そして働く者の権利といった戦後民主主義の秩序と価値を愚直に守ることが求められている。従来リベラルが担ってきた戦後民主主義のエートスを都議選で全面に押し出したことも、他党と異なり共産党の得票数減少がある程度のところで歩留まりしている、強い理由の一つであろう。

現行秩序を脅かす者たちを抑止する力の働きを、カール・シュミットは大著『大地のノモス』のなかで「カテコーン（Katechon）」という、一風変わった概念から説明している。「カテコーン」とは、元来キリスト教神学のなかでしばしば散見され、とりわけキリスト教秩序を破壊しようとする反キリスト者を抑止する力として用いられる概念である。現代でもパウロ・ヴィルノやアントニオ・ネグリは、わたしたちの生存を脅かし多様な生を生きることを困難にする新自由主義に歯止めをかける「グローバル・ジャスティス運動」を「カテコーン」と捉える解釈を試みている。

そうであるならば、「人間らしい生活の最低限と考えているもの」として憲法25条が保障しているはずの生存権と戦後民主主義、そして何よりも憲法秩序が脅かされるとき、現行秩序の破壊者を抑止する「カテコーン」の役割を護憲を掲げる政党に有権者が期待したことの現れとして、共産党への継続的な支持があると捉えることも可能であろう。

では、護憲政党にとって今後の国政選挙の課題とは何か。それは、先の衆院選で散見されたような、それぞれのイシューをめぐって同一の立場であるにもかかわらず各党乱立し相争うといった構図を避けることである。この点ではかつてＳＥＡＬＤｓが15年安保の際に大人たちにもたらした野党共闘を、与党勢力と衛星政党である維新やマスメディア側の圧力に屈することなく行う必要がある。過去の労働運動のわだかまりなどを未だに抱えている場合ではないことを連合などにも理解させる必要があるだろう。

であるならば、護憲派の有権者にできることは何か。それは、やや逆説的に聞こえるかもしれないが、多少の党派性の差異にこだわる「生真面目さ」を棄てて、戦略的に自身の選挙区で少しでも当選の可能性が高い護憲派の候補に投票することである。保守の側はすでに小異を捨てて改憲派というだけで投票している。「なんといい加減な」と思う節もあるだろうが、これまで改憲派を勝たせてきたのは、他でもないこの「いい加減さ」である。同様に、これまで護憲派が負けてきたのは、他でもないこの「生真面目さ」なのだ。選挙のたびにわれわれが見てきたのは、「ああ、この共産党の票と社民党の票を合わせれば、当選した自民党の候補に充分に勝てたのに」という光景だ。今度も同じ光景を再度観ることになるのだろうか。

己の信念に実直で「生真面目」であることは悪いことではない。だが、選挙で選ぶべきは自分たちの代ではけっして終わることのない、いまだ選挙権を有していない次世代に受け継がれるところの「この国のかたち」である。

来るべき次の衆院選では、オーウェルがいうところの「人間らしい生活の最低限と考えているもの」、すなわち「健康で文化的な最低限度の生活を営む権利」について有権者が脅かされていると感じているか否か、そして伝統的な戦後民主主義の核心たる平和憲法の重要性を有権者が理解しているか否かが票の分かれ目となる。東京で女性政党の第一党となった共産党をはじめとする護憲政党が、現在の憲法秩序にとっての最後の歯止めたる「カテコーン」たりうるとすれば、それは、与党らの野合とマスメディアの偏向報道に各党と有権者が流されず、護憲派の有権者が選挙区によって戦略的な投票行動を行い得たときであろう。

綱領の発展にそった安全保障政策を

ジャーナリスト　松竹伸幸

政権入りをめざした共産党の敗北から何を導くか

日本共産党が政権につくことをめざしている——。それを肯定的に見るのか否定的に見るのかは別にして、国民がそう自覚したのは、ごく最近のことでしょう。早い人でも、2015年の新安保法制の成立直後、志位和夫委員長が野党の国民連合政府構想を提唱した時でした。より多くの人がそれに気づいたのは、2021年10月の総選挙の際だったと思います。

その直前、市民連合（「安保法制の廃止と立憲主義の回復を求める市民連合」）の仲介で立憲民主党や社民党などとの間で政策的な合意ができあがります。それを受けて志位氏と立憲民主党の枝野幸男代表（当時）が会談し、「次の総選挙において自公政権を倒し、新しい政治を実現する」こと、新政権で「共産党は、合意した政策を実現する範囲での限定的な閣外からの協力」を行うことなどで合意しました。その合意を受けて、共産党は閣外協力することで合意したのだと表明し、この選挙を政権選択の選挙と位置づけて闘いました。

昨年100年を迎えた共産党の歴史のなかで、次の選挙で政権を取りに行くことを宣言して選挙戦を闘ったのは、これが初めてのことでした。志位氏はそれをめざした初の党首ということになります。

何事も最初の挑戦で成功するのは簡単ではありません。ましてや政権を取りに行くという、政党にとってもっとも大事だからこそ、もっともむずかしい事業への挑戦です。自民党は、安保条約も自衛隊も否定する共産党の政権入りを強調することが、立憲民主党から支持者を離反させるし、自分たちにとっては有利に働くと考え、麻生太郎副総理の「立憲共産党」発言に代表されるような批判を強めました。共産党も立憲民主党も議席を減らした選挙のあと、共産党の田村智子副委員長がツイッターで、「野党としての共産党なら良いけれど、政権にかかわったらどうなるの？　という不安は、私たちの想像を超えて広がった」と述べたように、自民党の戦略はかなり成功したと思います。選挙後、枝野氏までが、あれは政権合意ではなかったと言い訳しました。

この経緯と結果から何を導き、今後にどう生かすのか。共産党にはそれが問われています。ところで、共産党が政権入りすることが、なぜそれほど国民から不安視されるのでしょうか。そこには二つの理由があると思います。

一つは、私のように党外の出版物で党首公選制を求める意見を述べた党員をただちに除名し、その後も大政党が一個人を相手にしてしつような批判キャンペーンをするなどのことが、かつてのソ連や現在の中国、北朝鮮などの人権状況を想起させるからでしょう。その問題を克服するには、私の除名処分を撤回し、党首公選を行って共産党は異論が自由に言える政党だということを可視化させるしかありません。私は来年1月の党大会で除名処分の再審査を求めており、党中央書記局からも再審査の対象になるとの返事があったので、それを成功させるべく奮闘するだけです。したがって本稿ではこれ以上は論じません。

安保条約と自衛隊を否定する共産党に国民が感じる不安

もう一つ、政権入りを国民から不安視される原因があります。それが安保条約と自衛隊に関する共産党の捉え方の問題です。

日本の平和をどの国が脅かしていると国民が考えているかというと、その多数は、言うまでもなく中国や北朝鮮です。中国は大軍拡を続けつつ日本の領土である尖閣諸島に公船を進入させ続けていますし、北朝鮮の核・ミサイル開発は、過去に引き起こしたさまざまなテロ事件などと重なって、国民を不安に陥れるのに十分です。ウクライナ侵攻もあったので、北方領土を奪っているロシアもそれに加えてもいいかもしれません。

これと裏返しになりますが、ではそういう脅威から誰が日本を守ってくれると国民が考えているのかと言えば、日米安保条約であり自衛隊です。それが国民多数の常識的な考え方です。

ですから、その日米安保と自衛隊を廃止するのが共産党の基本政策だと聞かされれば、当然のこととして共産党の政権入りが不安になる。これが国民意識の現状でしょう。

一方、共産党は長い間、異なるスタンスをとり続けてきました。共産党は今から60年以上前の1961年、綱領を策定して現在につながる路線、政策を確立したのですが、そこで描かれていたのは、戦争を起こすのはアメリカ帝国主義と日米安保条約であり、自衛隊はそのための道具だというものでした。

一九六〇年に締結された新安保条約は、アメリカ帝国主義と日本独占資本の侵略的軍事同盟の条約であるとともに、いぜんとして対米従属の屈辱条約である。それは、対外侵略の武器であるとともに、日本人民を抑圧する武器である。またこの条約は、日本を日本人民の意思に反してアメリカ帝国主義のたくらむ侵略戦争にまきこむ危険をつよめた。

日本の自衛隊は、事実上アメリカ軍隊の掌握と指揮のもとにおかれており、日本独占資本の支配の武器であるとともに、アメリカの極東戦略の一翼としての役割をおわされている。

一方、この綱領では、ソ連など社会主義国は「平和勢力」と位置づけられていました。そして、社会主義国が成長することによって、世界の平和は実現すると考えていたのです。

帝国主義の侵略的本質はかわらず、帝国主義のたくらむ戦争の危険はいぜんとして人類をおびやかしている。これにたいして、社会主義陣営は、民族独立を達成した諸国、中立諸国とともに世界人口の半分以上をしめる平和地域を形成し、平和と民族解放と社会進歩の全勢力と提携して、侵略戦争の防止と異なる社会体制をもつ諸国家の平和共存のために断固としてたたかっている。世界的規模では帝国主義勢力にたいする社会主義勢力の優位、戦争勢力にたいする平和勢力の優位がますますあきらかになっている。反帝平和の勢力が不断の警戒心をたかめ、団結してたたかうならば、戦争を防止する可能性がある。

61年綱領には当時の時代を背景にした合理性があった

60年前の綱領を、現在の到達点で問題にするのは、あまりフェアなやり方ではないでしょう。当時、共産党がこのような見方をするのには、十分な根拠があったと思います。

まず、第一次世界大戦について言えば、資本主義大国が世界中に植民地を広げることを狙い、それを軍事力によって達成するという帝国主義の手法で実現しようとしたことが、帝国主義同士の戦争を引き起こすことになったという見方は、マルクス主義者だけのものではなく、常識的なものでした。第二次世界大戦について見ても、侵略を遂行したのはドイツ、日本、イタリアという資本主義大国であり、成立したばかりの社会主義ソ連は、アメリカなどとともに侵略を食い止める側に位置していました。

もちろん、綱領制定当時、社会主義国が誉められた存在ではないことも分かりつつありました。スターリンの独裁体制と大量粛清の事実は1956年にソ連共産党がみずから明らかにしましたし、だからといって反省したわけではなく、その年の末、ハンガリーの民主化運動を軍隊の力で弾圧します。

一方、日本共産党は、綱領の社会主義国の規定にもかかわらず、ソ連のチェコ侵略（68年）やアフガニスタン軍事介入（79年）など、現実政治において社会主義国が犯す誤りについては、日本の他のどの党よりも、断固としたきびしい批判を行っていました。ハンガリー事件では評価を誤りますが、のちに率直に反省を表明することで信頼を回復します。共産主義政党として、社会主義国は本来侵略しないものだという「理論」から離れることはできなかったのですが、現実政治において間違いを犯すことは最小限に抑えました。

一方の資本主義、帝国主義はどうだったでしょうか。綱領が制定された1961年というのは、その前年が「アフリカの年」と呼ばれたように、植民地諸国が大量に独立した年です。ということは第二次大戦後からそれまで、イギリス、フランス、オランダなど資本主義国は植民地を支配し、独立運動に対して軍隊で鎮圧をしていたのです。そして、次第に力を失ったこれら諸国に代わって、第二次大戦を通じて世界規模の強国になったアメリカが、植民地諸国に対する戦争をしかけていました。とりわけ綱領の制定後、ベトナムの独立を踏みにじる戦後最大規模のベトナム侵略戦争を遂行していったことは、帝国主義が戦争をするという綱領の命題が、かなりの真実性をもっていたことを意味していました。

冷戦の終了は国際政治の現実と綱領規定との乖離を決定的にした

しかし、1975年にベトナム戦争が終わり、80年代に入ってくると、社会主義＝善、資本主義＝悪という党綱領の世界観は、ますます現実から遊離していきます。そのまま放置すると、党の活動に支障をきたすほどのものになるのです。

社会主義の側について言うと、79年末のソ連によるアフガニスタン侵略が決定的でした。それまでソ連の軍事力による他国への介入は、ハンガリーやチェコなど東欧の勢力圏である社会主義国に対するものにとどまっていたのですが、世界の圧倒的多数を占める非同盟諸国にも手を出したのですから、反発も半端ではありません。80年1月、国連総会はソ連を批判する決議を採択するのですが、米ソがやり玉に挙がる総会決議が採択されたのは国連史上初めてのことでした。

共産党も、ソ連を批判するだけでなく、綱領にも手を付けることを決意します。73年（第12回大会）には綱領を一部改定し、「ソ連を先頭とする社会主義陣営」という規定のうち、「ソ連を先頭とする」を削除します。また、1985年（第17回大会）にも綱領を改定し、社会主義国の「覇権主義」が「国際緊張の一定の要因」になっていると指摘しました。

けれども、それだけでは済みませんでした。89年のベルリンの壁崩壊に続いて社会主義国が次々と崩れ落ち、社会主義に期待を抱かせるような綱領規定は通用しなくなります。

それ以上に共産党にとって重大な意味をもったのは、冷戦崩壊に伴うアメリカの変化です。90年にイラクがクウェートを侵略すると、国連安保理はイラク軍をクウェートから撤退させるために加盟国が武力行使をすることを認め（武力を伴う強制措置の発動で安保理が一致したのは史上初めて）、アメリカは多国籍軍を編制して翌91年1月、イラク軍をクウェートから撤退させることに成功しました。共産党の綱領では、アメリカは侵略を本質とする国だったのに、逆に侵略と戦う国の代表格に躍り出たのです。

共産党は、この突然の事態に正確に対応できたと思います。多国籍軍が武力行使を開始した際、アメリカに戦争を止めろと求めるのではなく、イラク軍をクウェートから撤退させる目的を実現して早期に終了することを望むという、国連憲章や国際法の原則をふまえ、世界と日本の世論に合致する態度を表明したのです。

しかし、侵略を本質とするアメリカ帝国主義に対して平和勢力である社会主義が対抗しているという綱領の世界観は、ますます通用しなくなります。それをどう乗り越えるかが、共産党の直面する問題となったのです。

憲法9条の堅持を決めたことは事実上アメリカ帝国主義論の変更だった

綱領の世界観の変化は、まず意外なところから訪れます。共産党は1994年（第20回大会）、憲法9条を将来にわたって堅持することを決めるのです。

それがなぜ、綱領の世界観の変化だと言えるのでしょうか。この大会では綱領の改定が行われましたが、綱領で9条の堅持を明記した訳ではなく、大会の一般決議でそう表明しただけですから、よけいに不思議です。その解説をしておきましょう。

共産党綱領には何回も「帝国主義」という用語が出てきますが、レーニンの主著が『帝国主義論』という表題をもっているように、マルクス主義にとって帝国主義とは特別な意味を有します。19世紀から20世紀の初めにかけて、高度に発達した資本主義国がいずれも植民地を獲得するための競争に走るようになり、そのための手段として軍事力を躊躇なく使うようになったことを、レーニンは帝国主義という用語で表現しました。ですから、共産党が特定の国を帝国主義と定義づける時は、外交や対話によって問題を解決するのではなく、国益のためには戦争に訴えることを本質とする国だという意味合いがあります。

共産党綱領がアメリカを帝国主義だと位置づけているのも、そういう意味です。アメリカは、日本を足場にしてアジアを侵略して支配しようとしており、そのために日米安保条約を押し付けたというのが、綱領で表現されていることです。

これを憲法の角度から見ると、日本で共産党が政権をとり、日米安保条約を廃棄しようとすると、アメリカがそれを阻止しようとして日本に対して武力を行使するかもしれないことになります。それに対しては、国際法上はどの国も有している自衛権を行使して戦う権利を有しているので、党の安全保障政策は社会党の「非武装中立」と違って「中立自衛」でなければならない――。共産党はそう考えていました。しかし、憲法9条は戦力不保持規定によって自衛権に制約を加えているため、将来、国民の総意で9条を改定することもあり得るかもしれない。それが長い間、共産党の9条に対するスタンスでした。1968年、「日本共産党の安全保障政策」が公表され、共産党は「中立自衛」政策を確立するのですが、そこには次のような記述があります。

帝国主義がなお存続する以上、独立して、平和、中立化の政策をとる日本が、アメリカを先頭とする帝国主義陣営から侵略をうける危険は、依然としてのこっている。この点からいっても、独立した日本が、自衛の問題を無視するわけにはいかないことは明白である。

……

将来、日本が、独立、民主、平和、中立の道をすすみ、さらに社会主義日本に前進する過程で、……必要な自衛措置をとる問題についても、国民の総意にもとづいて、新しい内外情勢に即した憲法上のあつかいをきめることになるであろう。

そうやって30年にわたって固守してきた立場を転換し、将来にわたって9条を堅持するというのですから、大きな変化だと理解してもらえると思います。それは同時に、アメリカ「帝国主義」に対する見方の変化でもありました。日米安保条約の廃棄を通告した場合も、アメリカはそれを武力で鎮圧してくるのではなく、外交交渉で解決してくるだろうと判断しなければ、9条を堅持するという決断はできないからです。それはアメリカを単純に「帝国主義」と位置づけられないという判断を伴っていたことを意味します。

安保条約も自衛隊も堅持する第一段階という考え方を綱領に盛り込んだ

94年に憲法9条を将来にわたって堅持すると決めたことで、共産党は矛盾を抱え込むことになります。侵略された際に武力で反撃するという政策を持てないので、警察力などで反撃するということしか言えなくなったのです。その矛盾を解決し、アメリカ帝国主義の見方まで変えたのが、２０００年の第22回大会、２００４年の第23回大会でした。

22回大会の白眉は、いわゆる三段階論です。安全保障政策に関して、安保条約も自衛隊も維持する第一段階、安保は廃棄するが自衛隊は維持する第二段階、自衛隊の解消に向かう第三段階という考え方を打ち出したのです。全文を引用しましょう。

——第一段階は、日米安保条約廃棄前の段階である。ここでは、戦争法の発動や海外派兵の拡大など、九条のこれ以上の蹂躙を許さないことが、熱い焦点である。また世界でも軍縮の流れが当たり前になっている時代に、軍拡に終止符をうって軍縮に転じることも急務となっている。

——第二段階は、日米安保条約が廃棄され、日本が日米軍事同盟からぬけだした段階である。安保廃棄についての国民的合意が達成されることと、自衛隊解消の国民的合意とはおのずから別個の問題であり、自衛隊解消の国民的合意の成熟は、民主的政権のもとでの国民の体験をつうじて、形成されていくというのが、わが党の展望である。この段階では、自衛隊の民主的改革――米軍との従属的な関係の解消、公務員としての政治的中立性の徹底、大幅軍縮などが課題になる。

――第三段階は、国民の合意で、憲法九条の完全実施――自衛隊解消にとりくむ段階である。独立・中立の日本は、非同盟・中立の流れに参加し、世界やアジアの国々と、対等・平等・互恵の友好関係をきずき、日本の中立の地位の国際的な保障の確立に努力する。また憲法の平和原則にたった道理ある平和外交で、世界とアジアに貢献する。この努力ともあいまって、アジアの平和的安定の情勢が成熟すること、それを背景にして憲法九条の完全実施についての国民的合意が成熟することを見定めながら、自衛隊解消にむかっての本格的な措置にとりくむ。

この三段階論に続いて、大会決定では、いわゆる自衛隊活用論が打ち出されます。第一、第二の段階では自衛隊が維持され、第三段階でも自衛隊をなくすのは「国民的合意が成熟することを見定めながら」なので、その間、自衛隊をどう位置づけるかが問われたのです。

そうした過渡的な時期に、急迫不正の主権侵害、大規模災害など、必要にせまられた場合には、存在している自衛隊を国民の安全のために活用する。国民の生活と生存、基本的人権、国の主権と独立など、憲法が立脚している原理を守るために、可能なあらゆる手段を用いることは、政治の当然の責務である。

さらに、次の23回大会では、綱領が改正されます。イラクへの侵略戦争（２００３年）の直後だということもあり、アメリカがその時点で「帝国主義」という本質をもっていることは確認しますが、「世界の構造変化のもとで、アメリカの行動に、国際問題を外交交渉によって解決するという側面が現われている」として、アメリカ帝国主義論の変更に踏み込みました。その上で、以下のように、三段階論を綱領の規定として取り入れるのです。

自衛隊については、海外派兵立法をやめ、軍縮の措置をとる。安保条約廃棄後のアジア情勢の新しい展開を踏まえつつ、国民の合意での憲法第九条の完全実施（自衛隊の解消）に向かっての前進をはかる。

第一段階の政策提案としての私の「核抑止抜きの専守防衛」

共産党の安全保障政策と言えば、日米安保条約を廃棄し、自衛隊も憲法違反の存在として解消することだ——。そう考えている人が少なくありません。共産党員や党の指導部の認識でも似たようなものです。

確かに以前の共産党はそうでした。しかし、これまで紹介した三段階論から分かるように、共産党はそこを時間をかけて修正してきたのです。

いま共産党に求められるのは、せっかく安保条約も自衛隊も維持する第一段階という考え方に立ったのですから、その段階にふさわしい安全保障政策とは何かを探求し、国民に訴えることです。それができれば、短期的には安保と自衛隊を維持する点で国民多数の共感を得る可能性を広げることができますし、中期的には安保条約のない日本、長期的には安保も自衛隊もない日本を展望することによって、理想を大事にする人々の支持をも引き続き確保することができるのです。

私はそう考えて、今年1月、『シン・日本共産党宣言——ヒラ党員が党首公選を求め立候補する理由』（文春新書）を刊行しました。そしてそのなかで、第一段階の政策として「核抑止抜きの専守防衛」という考え方を打ち出しました。党首公選を求めたのは、これまで党として体験したことのない政策を導入するのですから、党中央が決めて現場に提起するという程度の議論では済まず、全党的な討論が不可欠だと考えたからです。

「核抑止抜きの専守防衛」の全体像は、ぜひこの本と続刊の『不破哲三氏への手紙——日本共産党をあなたが夢見た21世紀型に』（宝島社新書）をご覧ください。ここでは概要だけ述べておきます。

安保条約は不要だとか、あるいはかえって危ないというなら、そしてそれを国民に納得させられるなら、第一段階は飛び越して安保即時廃棄を主張するしかありません。しかし、共産党の提唱する第一段階とは日米安保条約を維持する段階のことですから、当然、在日米軍にどんな役割を期待するのかが明確でなければなりません。

在日米軍は抑止力の機能を持っており、それは核抑止力と通常兵器の抑止力の両方から成り立っています。これまで抑止力といえば、この二つを区分することはありませんでしたが、世界で唯一の戦争被爆国の日本で、戦後一貫して原水爆禁止運動を担い、核兵器の廃絶を求めてきた共産党なのですから、核抑止に頼らないことは明確にしなければならない。核抑止力とは、いざという時には相手国に核兵器を投下してほしいという立場であり、広島・長崎の惨劇を他国民にも味わわせることとなのですから、当然のこととして拒否すべきです。米軍に頼るのは通常兵器の抑止のみに限るのです。

その上で、「専守防衛」は堅持すべきです。相手国から武力攻撃があったときに初めて日本の防衛力を発動する。相手国を日本の領土、領海、領空から追いだすことが基本にする。そのために必要な装備を揃え、日夜訓練に励む——。この程度の政策は必要でしょう。

私の考えは志位氏の２０１５年以来の模索を受け止め発展させたものだ

この私の考え方は、２０１５年に共産党が野党共闘による国民連合政府を提唱して以来、ずっと主張してきたことと重なっています。志位氏はその年の秋、外国特派員協会に呼ばれ、次のように述べました（２０１５年10月15日。「赤旗」同17日付）。

戦争法を廃止した場合、今回の改悪前の自衛隊法となります。日本に対する急迫・不正の主権侵害など、必要にせまられた場合には、この法律にもとづいて自衛隊を活用することは当然のことです。

自衛隊問題だけではありません。この記者会見で志位氏は、日米安保条約の問題でも次のように述べることになります。

日米安保条約では、第五条で、日本に対する武力攻撃が発生した場合には（日米が）共同対処をするということが述べられています。日本有事のさいには、連合政府としては、この条約にもとづいて対応することになります。

自衛隊に関する志位氏の立場の変更は、自衛隊違憲論にも及びます。2017年10月8日、総選挙を前にした党首討論の場で、次のように答えたのです（「赤旗」10月9日付）。

そこで、私たちが参画する政権が仮にできた場合の対応ですが、その政府としての憲法解釈は、その政府が自衛隊の解消の措置をとる、すなわち、国民の圧倒的多数のなかで自衛隊は解消しようという合意が成熟するまでは、合憲という解釈を引き継ぐことになります。党は違憲という立場を一貫して堅持しますが、政府は合憲という立場を一定程度の期間、取ることになります。

この時の志位氏の言明は、あくまで野党の国民連合政府に参加した場合を想定した対応のことでした。しかしその後、志位氏は、共産党が主導して安保条約を廃棄するような政府、すなわち民主連合政府ができた場合も、政権としては自衛隊は合憲をみなすことを宣言します（『新・綱領教室』下巻、新日本出版社、２０２２年４月刊行）。

自衛隊が存在しているという過渡的な時期に、仮に、政府として自衛隊を違憲とするという憲法解釈をしたらどうなるでしょうか。ただちに、自衛隊解消の措置をとることが、政府の憲法上の義務になります。そのような矛盾が生じることになります。ですから、民主連合政府ができたとしても、自衛隊が存在している過渡的な時期は、『自衛隊＝合憲』論をとることになります。

除名を撤回しない場合も第一段階の安全保障政策は提起すべきだ

私の「核抑止抜きの専守防衛」は、こうした志位氏の模索を発展させたいと願ってのものでした。志位氏の模索は、安保条約の発動という点でも自衛隊合憲論の一部導入という点でも、共産党内タカ派と呼ばれることもある私の想像をはるかに超えるものでしたが、それを受け止め自分なりに考えぬいたのです。

ところが、多くの方がご存じのように、私は党の綱領にも規約にも違反していると批判され、除名されることになります。共産党の基本政策は、たとえ第一段階であっても、日米安保条約の廃棄、自衛隊の違憲・解消しかないのだ、専守防衛も憲法違反だ――。これが私を批判する「赤旗」のいくつもの論文の基調でした。志位氏に至っては、私の提唱が日米安保条約の維持を前提としていることを捉え、「かつては、彼（松竹）はそういう立場ではなかったと思います。ですから、これは変節だ」とまで述べました。

しかし、これまでの論述を見ていただければ分かってもらえると思いますが、「変節」批判はそのまま志位氏に跳ね返ってくる性格のものです。志位氏が言い出さなければ私も言うことはなかったのですから。

私の除名をきっかけに共産党の政策が先祖返りしたことにより、野党共闘は復活不能なほどの打撃を受けました。あれほど安保条約や自衛隊では日本を守れないと主張したあとで、安保条約と専守防衛を堅持する野党との間で、どんな顔をして協力ができるのでしょうか。私の除名はいまさら撤回できないという場合も、第一段階での安全保障政策に関しては、ぜひ、私の提唱も参考にして（参考にしたと明言しなくてもいいです）、本格的なものを打ち出してほしいと願っています。

共産党員でない私が、2023年7月に書いた日本共産党への期待

精神科医　堀　有伸

はじめに

日本共産党の再生を願って作成される本書に、参加できる機会をいただきました。光栄であるのと同時に戸惑いも感じています。光栄だと思うのは、私の中に日本共産党を尊敬する気持ちがあるからです。忘れてはならない第二次世界大戦に向かう道筋の中で、多くの日本の組織や個人が大勢に迎合し、戦争に加担しました。しかしその中で日本共産党は唯一と言えるほどの、明確に反戦の意志を貫いた貴重な政治団体でした。その結果激しい弾圧を経験し、少なからぬ犠牲者が出たことを聞いています。全体主義化した旧ソ連に対して批判的な姿勢を貫いたのも、自主独立性を尊ぶ日本共産党のユニークで魅力的な面に思えています。

厳粛な倫理観を、組織全体としても、党員一人ひとりとしても抱いておられることが日本共産党の特徴です。さまざまなことが「グダグダに」なってしまう傾向を強める現在の日本社会で、「厳粛な」という形容詞が当てはまる組織がほかにあるでしょうか。それをリスペクトしています。しかし同時にこれが、私が躊躇・戸惑い・反感を感じる理由にもなっていることを最初に告白しておくべきでしょう。「あまりに厳粛過ぎて他者と協働できない人々ではないか」と私は日本共産党に対して考えていて、実生活では距離を置いています。私は共産党員ではありません。リスペクトをしているのと同時に、警戒もしているのです。

日本全体を巻き込んで盛り上がった学生運動の後半で展開された「内ゲバ」のイメージは、共産党に直接関係ない人たちにも、負の印象を強く残しています。もちろん、内ゲバを中心的に展開した勢力と、日本共産党とその指導を受けた民青とは立場が異なるという主張もありうるでしょう。しかし、一般の人々がそれに区別をつけることは困難です。ひょっとしたら日本共産党内にも「内ゲバ」の影響の残滓が残っていて、「気を許して共産党に近づいても、結局は、倫理的な瑕疵をあら捜し的に糾弾され、攻撃される事態に終わってしまうのではないか」という不安をどこかで感じます。それならば、なるべく日本共産党とは関わらない方がよい、という結論になるでしょう。「赤旗」の発行部数が減少するなどして、日本共産党の先行きに警告を与えるような徴候が現れているそうです。その危機と真剣に向かい合ってこれを乗り越えたいと、日本共産党の関係者は望んでいるのでしょうか。もしそうなら、党の外部にいる日本人が抱くこのような不安を正当な理由があるものと認め、それを乗り越えるための努力がなされるべきです。

開放的な精神科病院を目指した闘争についての個人的な思い出

私は1972年に生まれ、1997年に医学部を卒業して精神科医になりました。学問としての精神医学の魅力に惹かれていた一方で、共産党とも関係が深い、精神医療の問題に社会的な立場からアプローチしようとした先輩の精神科医たちの言動にも、強く共感していました。長期入院を当然とした日本の精神科医療の状況は、それまで相当に改善が試みられた後であったとしても、非常に問題が大きいものに思えました。私が医者になった翌年の1998年には、新潟県の精神科病院で、身体拘束中の患者が嘔吐した吐しゃ物で窒息死する事件が起きました。私は精神科医になったものの、あまり患者の幸福に貢献できていない焦燥感を抱くようになっていきました。ただでさえ苦しい立場にある患者たちから、さらに搾取を行う構造の比較的上位に自分を位置づけ、そこから収入をえているかのように感じたのです。

「管理的な精神科病院の仕組みを壊し、患者のコミュニティへの主体的な参加を促すことが、精神科の患者の治療につながる」という理念を掲げ、「医者―看護師―患者」というヒエラルキーを無効にすることを是とするリーダーが院長をつとめていた精神科病院に、5年ほど勤務したことがあります。コミュニティ・ミーティングと呼ばれる、病棟の運営について患者に自発的な参加・発言を求める話し合いが、週に何回も開かれました。私も、当初はよく分からないまま、見よう見まねでそのリーダーと周辺の人々の言葉遣いを真似しました。次第にその理念の魅力に取り付かれ、没頭するようになりました。病棟の管理的な力が弱まっていった中で、ずーっと病棟の片隅で、何年も、何十年もほとんど口を開かないまま過ごしていた患者が、言葉を発したのを聞いた瞬間は感動的でした。

しかし、全体としてその病院の活動に参加した結果は、私にとって非常に不満足なものでした。

患者たちの自由や主体性を引き出すために、精神科病院が行っている管理こそが悪で、その管理する力を攻撃し弱めなければならないというスタンスが奨励され、私もそれに共感し、そのスタイルを貫くようになりました。当然、看護師たちを中心に反発や反対がありました。私は悩み、当時のリーダーと相談しました。そこでそのリーダーからは、「あなたの怒りは正当だ。自分が責任を取るから、どんどん怒れ」と励まされました。私は、それに従いました。病棟・患者をしっかりと管理しなければならないと主張する病院の関係者に対して、一番の矢面にたって批判する言動を展開したのは私だったと思います。そして、その時に行った「管理的な精神科病院が患者たちを抑圧し搾取して、不当な利益を得ている」という批判には、真理が含まれていたと今でも思っています。そのような方針が浸透していくと、それまでの精神科医療の常識では考えられなかった改善を示す患者さんも出てくるようになりました。

しかし急激な変革には負の作用もありました。当然ですが、管理を弱めたことで事故が起こりやすくなりました。その中には、軽微とは言えないものもありました。コミュニティとその構成員が外側から管理されることを拒否するのならば、内発的に問題をマネージできるような仕組みを作り上げていく必要があります。そのためには、コミュニティを構成する当事者として一人ひとりのメンバーが自発的に考えて発言し、行動する意識を高めるように、患者達を含めた病院の関係者全体に働きかける必要があると考えました。しかし私のそのような考えは、リーダーであった院長から冷淡に拒否され、「自分の考えを患者に押しつけている」と強く批難されました。確かに私にも焦りがありました。病棟の管理能力が低下して事故が頻発する状況で、病棟管理の重要な責任者の一人である病棟医として勤務していたのですから。さらに、そのように管理能力が低下する状況を作ったことには、私にも大いに責任がありました。組織として動く量が減った分、個人として問題に対処しなければならない案件も増えていきました。正直、いっぱいいっぱいでした。

うがった見方かもしれませんが、リーダーとその周囲の人々の外部、つまり「管理的な精神科医療を継続させようとしている昔からの職員たち」に私の攻撃性が向かっていた時には、それを奨励するような働きかけをずいぶんと受けたと思います。その結果、対立していた陣営の有力なメンバーが何人か病院を離れることになり、パワーバランスが崩れ、患者を含めた病棟・病院のコミュニティを中心とした運営方法の良い面も悪い面もはっきりと現れるようになりました。そこで「方法の修正と発展が必要」と私は考えたのですが、私にはその時のリーダーが「権威的だと特定の人物にラベルを貼って、その人を攻撃するようにメンバーを煽る」方法を単調にくり返すばかりで、今度は私がそのスケープゴートにされているように感じました。

自業自得だったのは、仕方ないと思います。私はそれだけ、古くから病院を支えてきた人たちのことを厳しく攻撃しました。彼ら・彼女らには、良心的な思いもあったと思います。逆に自分が、権威だと信じて従った人から、気がついたら「お前が権威的だ」と批判と攻撃の対象にされるようになった苦しい体験でした。「世俗の権威」を否定し批判することで権威を得る、そういう権威のあり方は非常に逆説的です。「既存の管理的な精神科病院」を批判・攻撃することで、強い影響力を行使できた感覚に耽溺した私は、本当に愚かでした。そして、そのような活動が否定や破壊のみならず、内発的にポジティブなものを生み出せるようになるためには何が必要なのか、そういう問いを抱くようになりました。私はその病院を去り、都内の大学病院で勤務することにしました。

原発事故後、福島での経験

大学病院で勤務を始めたものの、なかなか働き方がしっくりとしませんでした。「管理的・権威的なものに反発する」癖や姿勢が私には強まっていたので、大きな組織の中では、当然ものごとが円滑に進まなかったのです。次第に私は行き詰まりを感じ、「開業するか、地方ののんびりした病院にでも移ろうかな」と考えるようになりました。

そんな時に、2011年の東日本大震災・原発事故が発生しました。その際に私は、「地震・津波」には日本人はうまく対応するだろうと予測しました。しかし、原発事故には、以前の精神科病院に勤務した頃から考察していた、日本人の心理・社会的な問題が色濃く反映されていると思いました。それならば自分が福島に行って仕事をすることで、社会に貢献できることがあると考え、2012年4月から福島県南相馬市に移住しました。最初の3年間は震災で一時閉院した精神科病院の再建に協力しました。その後、現地にとどまって精神科・心療内科を標榜するクリニックを開業し、現在に至っています。

精神科医として働きながら、初期の頃には、被災地の復興を掲げた社会的な活動にも積極的に参加しました。「悪である日本政府や東京電力」についての証明を与えているくれる材料を、被災地では簡単に見つけることができました。私はそこで、ブログなどを通じて自分が見聞したことやそれについての考察を、「日本的ナルシシズム」というテーマを中心に発表するようになりました。現地で生活し、精神科の診療を通じて見聞した知見について、精神医学的な考察を含めて伝えました。最初のうちは「リベラル」とみなされる陣営の人々からも、共感されることが多かったと思います。

しかし、いくつかの出来事を通じて、次第に私の思いは、福島の原発事故をめぐる「リベラル」な人々の言説や活動に、距離を感じるようになりました。「管理的な努力をすべて悪と決めつけて攻撃すること、特に現場でその業務を当たっている人を攻撃するのは必ずしも好ましくない」という思いが、以前の精神科病院での経験から私の中には強く生じていたのですが、一部の反原発運動の人々の振る舞いは、その葛藤を刺激するものでした。

「東京電力」については、それを一枚岩の単一な組織だと考えている人も多いかもしれません。しかし私には、少なくても「東京で経営のことばかり考えている人たち」と「現地で廃炉の仕事などを担当している人たち」は、違う存在に感じられています。後者には、福島県の地元出身の人々が多いのです。２０１２年頃、ある機会に東京電力の社員と話す機会がありました。「地元にとんでもないご迷惑をおかけしてしまった」と語るその顔が、あまりに顔面蒼白だったのが印象的でした。自分は直接担当しませんでしたが、自殺をしてしまった東京電力の社員さんについて聞いたこともあります。

原発事故がもたらした被害・リスクについて、２０１１年の事故で漏出した放射性物質によるものと、その後に継続している廃炉の作業について区別していない人もいます。しかし、そういった基本的な認識を共有することが、議論を深めるために必要な前提です。負の遺産として残ってしまった廃炉の作業は、今後何十年も続くと予想されています。それをどのような形で継続することが適切でしょうか。これは難しい問題です。もちろん日本政府・東電の悪の部分が否定される訳ではありません。しかし、近くで暮らしていると、廃炉の主体を担っている人々を憎悪し軽蔑するだけで十分なのだろうか、と考えます。危険性のある作業に従事し、そこを適切に管理するべく奮闘してくれている人々に感謝し、評価することも大切であり、是々非々の評価を行うべきなのです。

地元に暮らしていると、「都会のきれいなところで暮らしている反原発運動の人々」から、「福島の地元の人間など、日本政府・東電の資本の力に屈服させられ、その支配・搾取構造を肯定し協力する批判すべき存在だ」と見下されていると感じることがあります。そんな時には、現地で苦労している自分たちの方がプロレタリアート的で、反原発運動で嬉々としてキラキラとした言動を展開している人々の方がブルジョワ的ではないか、などと内心の反発を感じています。

少し話題は変わりますが、原発を維持・推進したい勢力と、反原発勢力の、一般に働きかける戦術・戦略の巧拙の差を感じて過ごした12年でした。前者の方が後者よりも圧倒的に優れています。原発事故直後には、反原発の動きに同調する世論の方が強かったと思います。しかし、こちらの陣営がその後に展開した運動の質は、私には「雑」だったとしか思えません。被災地の出来事について、雑に評価し、雑にレッテルを貼り、雑に攻撃していました。例えば、先に述べた「福島の地元の人など」という態度を隠さない人々がいたことです。現在話題になっている処理水に関連した問題についても、そのような傾向があると私には感じられています。つまり、「悪である社会的な権威を、手厳しい言葉で攻撃すればそれでＯＫ。科学者の知見など、すべて無視してよい」という思い上がりがあるのではないでしょうか。しかしそれは、原発事故の前に津波のリスクを指摘した学者の発言を無視した東京電力の関係者と同じ態度です。自分たちが、その批判する対象の望ましくない部分と、同じになってしまってよいのでしょうか。その一方で、自衛隊などは災害の救援、被害に遭われた方々のご遺体の捜索などで、粉骨砕身の働きを示しました。見せ方も上手だったと思います。いずれにしても、反原発運動の陣営よりも丁寧でした。それが10年以上続いた結果、両方の陣営を支持する国民の割合は、少しずつ変化していると感じています。

倫理的エリート意識は変わらないのか

大分前置きが長くなってしまいましたが、ここから本題に入りたいと思います。

私がこの『続・希望の共産党』に寄稿させてもらうきっかけになったのは、松竹伸幸さんの『シン・日本共産党宣言』（文春新書、２０２３年）を読んだ感想を、あけび書房代表の岡林信一さんに伝えたことでした。私には松竹さんの主張がよく理解できるように思いましたし、その著作・行動に一貫して貫かれている姿勢に感銘しました。「こういう人が増えれば、日本共産党への私の思いも変わるのに」と感じました。

しかし日本共産党が松竹さんらを含む複数の党員を除名処分にしたことを聞き、がっかりしたのと同時に、「やっぱりそうだよね。日本共産党は変わらないよね」という諦念の思いが強まりました。

率直に言うと、「日本共産党の人は、倫理的なエリート意識が強すぎて、周囲の人々を見下すばかり。その一方で、自分の万能感を維持するために、社会にある種の葛藤が生じている領域に踏み込んで関わることをしない。誰か他の人に先に行動させて、後から手酷く攻撃する癖のある人たち」だと感じています。長い党の歴史の中で、もはや、現実の社会を良くすることへの関心が薄くなっており、自分たちの文脈での倫理的な優越性を維持することが、思考や行動の最大の内発的な動機になっているとまで、感じられることがあるのです。相手と論点を共有して問題解決を探るのではなく、執拗に相手の何らかの瑕疵を暴き立ててそれを攻撃し、論争に勝利して相手を排除することが目的になってしまう場面があります。

日本共産党は、党以外の人々に、自分たちの倫理的な優越性をアピールするだけのかかわり方を継続するつもりなのでしょうか。それとも、差異を認めつつ、一緒に未来をつくるパートナーを、社会のなかに見出してつくっていく気持ちはあるのでしょうか。それが、共産党員ではないものの、一部そこに共感する思いを持っている私からの問いかけです。

『シン・日本共産党宣言』のテーマの一つは、日本共産党の組織運営の原則である民主集中制でした。確かにこれは「民主主義」が大切だという教育を受けた、私を含む多くの日本人にとって、ちょっと驚くような内容です。一方で「迫害のなかを組織が生き残るためには、そういう仕組みを持つことも必要だったのだろうな」という感慨も持ちました。しかし組織運営の問題は、その外部にいる人間には論じにくいものがあります。今回は、その部分ではなく、松竹さんが日本の安全保障と関連して、「核抑止抜きの専守防衛」を論じたことに着目したいと思います。

安全保障をめぐる倫理的・実践的葛藤

松竹さんがこのことを構想するようになったきっかけの一つとして、安保・防衛政策について、現状を一切許容しない日本共産党の姿勢が、野党共闘を妨げる最大の要因になっている状況を改善したいと考えられたことが、同書では説明されていました。

確かに、日本共産党の主張する安保反対の立場には、共感できる点があります。「対米従属」と呼ばれる安全保障についての方針を貫く自民党が、与党・政権党の立場を守り続ける時代が日本では続きました。当然、日本は国際社会の中で独自の立場や路線を打ち出すことが不可能になっています。その一方で、アメリカは当然のように自国の利益を最優先にしています。東西冷戦の構造が明確で、ソ連の存在が日本の安全保障上の最大の脅威と認識されていた時代に、日米安保条約を中核とした体制は、一定の機能を果たして日本がそこから利益を得た部分もありました。そのために、沖縄に多くの負担を押し付けて犠牲にすることも行ってきました。そしてソ連の崩壊後、日本政府は対米従属を強めることを選択し、実際にその方向に進みました。その中で日米安保条約も、アメリカの世界戦略の展開を保障するものへと変質していきました。私はそのような展開に反発を覚えますし、それは独立国の国民として自然な心情だと思います。

しかし日本の場合に状況が複雑になるのは、対米従属をめぐってどうするかという国の独立性・主権の問題と、憲法9条を中心とした平和主義の問題が、混乱して論じられることが多いからです。この二つは、一旦は切り離して考えねばなりません。

対米従属とは、特に安全保障の領域について、アメリカの「核の傘」に依存することを意味しています。これを変えようとするならば、アメリカに依存する以外の安全保障の手段を持つことが必要になります。

そこで、平和主義を奉じてきた戦後日本の倫理的な誇りと、この問題が葛藤を起こすのです。私はこの点で何らかの妥協が必要だと考えます。松竹さんが論じたように、通常戦力の保持はやむを得ないとしながらも、核兵器の廃絶を目指すような立場は、検討されるべきでしょう。

日本の平和主義が、アメリカの軍事力に徹底的に依存することで成立していたことが明らかになって次第に時間が経過しています。これに対して、実効性のある提案が行えない政党ならば、信頼できる政治勢力とみなされることは難しいと考えます。そして現状の日本共産党の姿勢は、「きれいごと（平和主義）を言って、汚れ仕事（安全保障）を他の人に押しつけ、道徳的に保護された安全なところから当事者となった人に厳しい批判ばかり浴びせる人」に見えます。

そのような日本共産党の内部の人であった松竹さんが、安全保障をめぐる倫理的・実践的葛藤を乗り越える提案を『シン・日本共産党宣言』の中で行ったのは、非常に勇気のある責任感に満ちた、評価されるべき行為でした。その中では通常戦力の保持と専守防衛を原則としたその行使が認められています。しかし同時に「北東アジア非核地帯条約」を構想し、アメリカの核の傘を背景とした世界秩序に対立する覚悟を示すことで、ここまで日本人が大切にしてきた「平和主義」の中から現実的な要素を掬い上げ、それを継続させることが目指されているのだと思いました。

私は逆のことが起きることも恐れています。日本共産党が硬直したスタンスを維持することで、その政策全体が「現実的でない」と切り捨てられ、その時に平和主義の理念もすべて否定され、戦前・戦中のような価値観が復活してしまうことです。それを防ぐためには、一部の自民党関係者が示すような戦前回帰の価値観や政策を批判するのと同時に、日本共産党のような政党が、高い理念を保ちつつそれを現実に適応可能な政策に修正して提案し、それを実現していくことが有効です。

思想的・倫理的な共依存、顕教と密教

私には時々、共産党と自民党の関係者が、思想的・倫理的に共依存の立場にあるように感じられるのです。どちらも、自分たちの立場を正当化するために他方を持ち出して、その相手が本当に邪悪だから自分たちの立場は必要なのだ、という議論を展開します。自民党関係者が自らの立場を批判された時に、「共産党的な立場には、社会的な問題が大きい。だからそのような共産党の勢力を抑圧し、その影響力が高まらないようにしなければならない」と自分たちの正当性をアピールすることがあります。逆に共産党関係者が、「自民党的な立場はこれほど汚れていて間違っている。だからその力を削ぎ、罰を与え、影響力を減らすように活動するのは正義なのだ」というような主張を行っているのを目撃することもあります。私は正直、「どちらも信用できない。論点となっている事柄そのものについて詳細で正確な分析を行った上で議論を行ってほしい」と思うのです。

安全保障についての議論もそうです。一部の自民党の主張に近い人々は、「共産党に任せたら、相手の軍隊が攻めてきても戦わずに侵略されるに任せると言っている。ロシアや中国相手にそんなことをしたらどうなるか分かっているのか。だから共産党のような平和主義には反対

しないとならない」といった議論を展開します。それに対して共産党の関係者は、「自民党の関係者に任せたら、日本は戦前のような軍国主義の国になる。それは戦争犯罪を繰り返すことにつながるから、それには絶対に反対しなければならない」となります。しかし、そのような議論ばかりをいつまでも続けていて、日本の将来は大丈夫でしょうか。

評論家の加藤典洋が『戦後入門』（ちくま新書、２０１５年）という本で興味深い指摘を行っています。戦後の日本の政治システムは、次のような「顕教」と「密教」の使い分けで成り立ってきたというのです。

戦後の顕教：「日本と米国はよきパートナーで、日本は無条件降伏によって戦前とは違う価値観の上に立ち・しかも憲法九条によって平和主義のうえに立脚しているとみる解釈のシステム」

戦後の密教：「密教とは、日本は米国の従属下にあり・戦前と戦後はつながっており・しかも憲法九条のもと自衛隊と米軍基地を存置しているとみる解釈のシステム」

この二つのあり方が、真剣な葛藤を起こさずに併存してきたのが日本社会です。物事が順調に進んでいた時には、機会を見て「オモテ（顕教）とウラ（密教）を使い分ける」という態度でもよかったのかもしれません。しかし今後も激しい変化が続く世界の中で、日本と日本人は責任のある主体的な意思決定を積み重ねていく必要があります。そのためにはまず、安全保障についてのこの矛盾に意識的かつ意図的に向き合って、一貫性のある行動をとれるようになることが、日本が独立した国家として再生するために必要なステップです。

その中で、共産党に求められている働きとは、現実と理念の矛盾を直視しながら、戦後の顕教である平和主義の理念を保持しつつも、密教である日米安保との表層的ではない高次の統合を果たしていくことでしょう。それは決して、理念化した顕教の倫理的な優越性のなかに閉じこもり、戦後の密教を批判・攻撃するだけでは果たされないものです。

財源提案・結社の自由論・大本営体質の抜本的改革を

会計学者、東京大学名誉教授　醍醐　聰

政策の説得力を磨いてほしい――財源提案を例にして

弱者を放置する自民党政治を厳しく批判し、是正を求める共産党議員の鋭い舌鋒に共感する人が多くいます。私もその一人です。それは共産党に、政治献金などを通じた政財界中枢との腐れ縁がないという強みがあるからだと思います。

しかし、それにもかかわらず、国会でも地方議会でも共産党の議席、得票の後退が止まりません。その主な原因は共産党自身が強調する反共攻撃にあるのでしょうか？　あるいは共産党の閉鎖的体質に対する市民の忌避感が原因なのでしょうか？

私はそれ以上に、共産党が打ち出す政策の実現可能性と実効性に対する有権者の信任が低いことが同党への支持を低迷させている大きな理由ではないかと考えています。たとえば、「戦争の準備ではなく、平和の準備をしよう」というだけで、それを実効あるものとする具体策が伴わない共産党のアピールはどれほどの市民の心に響くでしょうか？　国際法を端から無視し、核で世界を恫喝するロシアに「憲法9条を活かした対話外交を」とアピールしても国内外の世論を動かすとは思えません。憲法の制約でできないことを語るだけでなく、できること、たとえば、ウクライナ復興に立ちはだかっている地雷撤去の技術支援、負傷した市民・兵士を救護するための医薬品・搬送車両の提供などを共産党も積極的に提案してはどうでしょうか？

以下では日頃、話題にされることが少ない共産党の税財政論、特に財源論を取り上げて私の感想を裏付ける説明をしたいと思います。

項目		財源規模
法人税制の改革	大企業優遇税制の廃止・縮小 法人税率を中小企業を除いて28％に戻す	8兆円
所得税制の改革	富裕層の株取引への課税強化 所得税・住民税の最高税率引き上げ	3兆円
新しい税制の創設	富裕税の創設 為替取引税の創設	3兆円
歳出の浪費削減	軍事費や大型開発の見直し原発推進予算の削減 消費税減税に伴う経費の節減	5兆円
合　計		19兆円

日本共産党の参議院選挙政策「社会保障などの財源は、消費税にたよらずに確保できます」の財源提案（2022 年 6 月）
https://www.jcp.or.jp/web_policy/2022/06/202207-bunya27.html

共産党は２０２２年６月の参議院選挙にあたって「社会保障などの財源は、消費税にたよらずに確保できます」と題した「財源提案」を発表しました。これが現時点での共産党の網羅的な財源構想で、上記の表は財源の内訳別試算です。他党にはない網羅性があり、提案の方向性には賛同できるものが多くあります。たとえば、共産党は、高額所得層ほど多い株式等譲渡所得の優遇税制（20％分離課税）が「1億円の壁」と言われる所得税の累進課税を累退課税に変質させていることを繰り返し指摘し、金融所得課税の適正化を求めてきました。これは反論の余地がない主張であり、共産党の先進的な貢献です。また、共産党が提案している「富裕税」の創設は私の提言とも合致し、大いに支持します。

しかし、共産党の財源提案には、根拠と試算の面で軽視できない疑問があります。ここでは主な疑問に絞って指摘します。私の疑問に共通するのは提案に対して予想される異論や抵抗に耐えうる理論的実証的な備えができていないということです。

(1)共産党は法人向けの租税特別措置を、大企業を優遇する特別措置とみなし、それらを廃止または大幅に縮小することで4兆円程度の財源を生み出すことができるとしています。しかし、一口に租税特別措置といっても目的、対象事業は多岐にわたります。特別措置の代表例である試験研究のなかには、革新的な研究開発投資のインセンティブ向上という漫然とした目的を掲げたもの、防衛省防衛装備庁向けの防衛産業の基盤強化などを目的とするもの、日本の創薬力の向上を支援する医薬品開発を税制面から支援しようとするものなどがあります。そして創薬支援の中にはコロナ予防ワクチンの国産支援やアルツハイマー治療等の難病治療薬の開発支援など社会的ニーズが高いものも想定されます。

こうした研究開発について、担い手が大企業だというだけで優遇と決めつけ、特別措置を廃止・縮小してよいわけではありません。共産党が廃止または大幅に縮小することで4兆円程度の財源を生み出すという場合の特別措置とはどのような措置を指すのか、それを廃止する根拠は何かを具体的に示す必要があります。

(2)共産党はコロナ危機への対応など、緊急かつ臨時的に必要となる対策の財源は国債発行で賄うとしています。しかし、臨時的な歳出だというだけでは国債を財源とする理由にはなりません。歳出は一過性でも、国債は将来の世代の負担として残ります。臨時的な歳出には、政府が実施したように予備費で対応するのも一案です。また、過去3か年の国の決算を見ると、一般会計・特別会計・政府関係機関を合計して18～30兆円の不用額（歳出予算の使い残し）が発生しています。通常、これは当年度決算剰余金に組み込まれ、国債の返済に充てる分（通常2分の1）以外は次年度の歳入予算に繰り入れられます。

ところが政府は過去1番目に大きくなった2022年度の決算剰余金（大部分は上記の不用額の発生）の2分の1を急増する防衛費の財源に充てるとしています。であれば、大軍拡と野放図な国債発行に反対する共産党としては、臨時的な歳出財源だからといって国債に頼るのではなく、予算の使い残しで生まれる決算剰余金を防衛費にでなく、社会保障や教育予算の拡充に充てるべきと提案する方が首尾一貫しているのではないでしょうか。

(3)共産党は前掲のような19兆円の財源で社会保障や教育予算の拡充を図るとしています。また、授業料の半減、入学金の廃止、本格的な給付奨学金制度の創設に必要な予算（毎年2兆円程度）を前記の19兆円から賄うとしています。その一方で共産党は消費税を当面、５％に引き下げる提案もしています。消費税減税は理にかなっていると私も考えていますが、そうなると、現在10％、８％の複数税率で確保している消費税収23・４兆円のうち約11兆円が消えることになり、これをどのような財源で置き換えるのかが大きな問題になります。

これについて共産党は何も触れていませんが、仮に上記の19兆円から補填するとしたら、社会保障や教育予算の拡充に使える財源は８兆円程度に縮小します。財源提案というなら、増収・減収を総合した試算を示す必要があります。

(4)共産党の個人所得課税案を読んで強く感じるのは「応能負担の原則」を拠り所にしているということです。確かに憲法第25条から導かれる生計費非課税の原則を応能原則と読み替えることに異論はありません。しかし、同じ個人への課税といっても、課税対象者の強い抵抗が予想される高額所得層の最高税率の引き上げや富裕税の創設を応能原則だけで説得するのは至難です。海外では富裕税の導入を提言する潮流が広がっていますが、そこでは富裕層の富の多くは自己努力で蓄財されたものではなく、国家の庇護によって「つくられた富」であることを課税の根拠に挙げて、私有財産保護の主張を斥ける努力がされています。[*1] 累進課税の創始者と言われるジャン＝ジャック＝ルソーも、金持ちの富は国家の庇護によって築かれたものであるから、それに対して比例税以上の税を課すのが公正であるという租税思想を展開しています。[*2]
共産党も累進課税の強化や富裕税の創設を提案するにあたっては、応能原則一本やりではなく、富裕層の致富の因果論的検証を踏まえた課税根拠論、つまり現代的な応益説も採り入れた課税の根拠を示すべきではないでしょうか。

＊1　たとえば、エマニュエル・サルズ／ガブリエル・ズックマン著、山田美明訳『つくられた格差』2020年、光文社。
＊2　ジャン＝ジャック・ルソー著、河野健二訳『政治経済論集』1956年、岩波文庫、57、58ページ。

稚拙な「結社の自由」論を改めるべき

(1)「結社の自由」をメディアに対する盾に使うのは筋違い

共産党は朝日新聞や毎日新聞などが松竹伸幸氏の除名を「異論封じ」と批判したことに対して「結社の自由に対する侵害」と反論しました。しかし、これは「結社の自由」に関する共産党の稚拙な曲解です。

そもそも「結社の自由」には、①公権力の介入から結社の自治を守る「国家権力からの自由」という側面と、②結社内での結社の不当な統制から構成員の利益を守るという「結社からの自由」という側面があります。①②どちらの側面とも無縁な公党に対するメディアの批判的論評を「結社の自由」を盾に跳ね付けるのは筋違いです。また、党の組織方針について「メディアに指図されるいわれはない」と言い返した志位委員長の発言は、「共産党は独善」というイメージを助長する、大変不適切な応答です。

共産党は松竹氏らの除名を正当化するために1988年12月20日の最高裁判決（袴田里見事件判決）を援用しました。確かに、この最高裁判決は、結社の自治のために党員の権利や自由に一定の制約を課すことはあり得るとしました。袴田事件では、政党所有の家屋の明け渡しという結社の内部問題については、司法は手続き審査に限り、実体審査は政党の自律性に委ねると判断したのです。つまり、政党の自治のために党員の権利にどのような制約、処分を課すのが許されるかは事案ごとに個別具体的に検討されるべきであり、最高裁判決は政党の自治権をオールマイティに認めたわけではありません。

(2)ドイツは党内民主主義の視点から政党のあるべき内部秩序を法制化している

近年、結社の自由をめぐる国内外の判例、研究は②の観点、つまり結社の行き過ぎた統制権行使から党員の市民的人権を擁護し、結社内での民主主義を保つことを重視する見解が有力になっています。

たとえば、ドイツでは政党内民主主義を確保することを要請した基本法第21条を受けて、政党法第2章で政党の内部秩序を規律する条項が設けられ、その中で政党除名の構成要件、政党と党員の紛争や党則の解釈と適用を自律的に解決することを目的にした政党仲裁裁判所を政党内に設けることを定めています。[*3] さらに、政党の外部にあって政党仲裁裁判所による政党除名の判断の適否などを司法審査する国家裁判所が設けられています。こうした様々な措置でドイツが目指した政党内民主主義とは、政党の恣意的な統制を防ぎ、「下から上への意思形成」、「自由な意見表明」、「政党内反対派の権利の尊重」を図ることでした。そして、たとえばベルリン上級地方裁判所は2013年、「比例原則」つまり除名の適合性・必要性・適切性からの逸脱があるという理由で、キリスト教民主主義同盟（CDU）からの除名を取り消す判決を言い渡しています（KG Berlin Urteil, v.10.9.2013, DBD2014, 259）。[*4]

(3) わが国でも「構成員の結社からの自由」に焦点を当てる学説が台頭している

日本におけるこれまでの結社の自由論は、国家の介入から結社の自治を守ることと、結社の内部問題に関して司法審査が及ぶ範囲を限定することが主眼でした。しかし、2000年前後から、民法第2条が謳った個人の尊厳と憲法第13条の「個人の尊厳」、すなわち、「個人は全体の犠牲にされてはならない」という原理を繋ぐ形で、結社内での執行部の恣意的な統制処分から構成員の権利をいかにして守るかという「結社からの自由」論が台頭しています。そこでは結社内での結社執行部による構成員の統制処分について、手続き審査にとどまらず、政党執行部の統制処分の実体審査に踏み込んででも構成員の保護を図ろうとするフランス1901年法が参照されています。[*5]

(4)結社の構成員の市民的権利の侵害は司法による救済の対象になる

結社に対する司法審査は手続き審査に限られるとする従来の通説でも、結社による構成員の統制処分が、一般市民としての構成員の権利の侵害に当たる場合は司法審査が及ぶとする見解が有力です。このような見解に立てば、共産党の元専従・宮地健一氏が起こした地位保全・除名取り消しの訴訟事件[*6]は、今回の松竹・鈴木両氏の除名問題を考える上で、袴田里見事件判決よりも参考になります。

宮地氏は共産党愛知県委員会の党勢拡大に偏った指導・活動方針を批判したことが党規約に違反するとして名古屋市の党専従を解任され、この処分の撤回を求める訴えを党内で行ったものの、党大会で審査もされないまま却下されました。そこで生活が窮迫した宮地氏が党専従としての地位保全を求める訴えを名古屋地裁に起こしたところ、党内問題を党外に持ち出したとして共産党を除名されたのです。

共産党の規約には「党の内部問題は、党内で解決する」（第5条（八））という定めがありますが、党内で努力を尽くしても相手にされなかった宮地氏が司法に救済を求めたのは事情やむを得ない行為であり、憲法第32条で保障された「裁判を受ける国民の権利」の行使とも言えます。であれば、提訴を理由に宮地氏を除名した共産党の行為は、党自身の強権的な対応に照らして相当性を欠き、憲法第32条にも違反した疑いがあります。

(5)志位氏の松竹氏非難は自身に跳ね返る

志位委員長は2023年2月10日付けのしんぶん赤旗に掲載されたインタビューの中で、松竹伸幸氏が新著で行った共産党「攻撃」の一番の問題は党の綱領と相容れない安保条約堅持を唱えた政治的変質にあると非難し、同氏の除名を正当化しました。

しかし、かくいう志位氏は2015年10月15日に外国特派員協会で行った講演に続く質疑の中で、出席者から「国民連合政府」のもとで日本有事の際には在日米軍に出動要請するのかと問われたのに対して、その段階では政府の対応は安保条約「凍結」となる、また、日本有事の際は安保条約第5条に基づいて対応する、つまり米軍に出動要請する、と答えました。

とすれば、志位氏が言う「国民連合政府」の段階での安保条約「凍結」は松竹氏が唱えた安保条約の過渡的な「堅持」と大差ないことになり、松竹氏の見解を綱領と相容れない「変節」と非難するなら、志位氏にも同じ非難を向けなければならなくなります。

＊3　これについては大曲薫・佐藤令「ドイツの政党法」『外国の立法』（国立国会図書館調査及び立法考査局）２０２０年12月、45～46ページで解説されています。

＊4　以上、今枝昌浩「ドイツにおける政党除名に対する裁判所の司法審査：社団法上の統制基準とその問題性」『法学政治学論究』（慶應義塾大学大学院法学研究科）２０２０年、１１１～１１８ページ参照。

＊5　井上武史「『結社からの自由』の憲法問題――結社の自由原理のもう一つの側面」『岡山大学法学会雑誌』２００９年3月、４２９～４８７ページ参照。

＊6　この事件の名古屋地裁判決については次の判例研究があります。落合俊行「政党による除名処分と司法審査適合性、名古屋地裁昭和53年11月20日民事第一部決定」『法政研究』（九州大学）１９８２年3月25日、１４９～１５５ページ。

大本営体質の根絶が共産党再生に不可欠の条件

(1)実態と乖離した美辞麗句

最近のしんぶん赤旗紙面には「政治対決の弁証法」「双方向・循環型の党活動」「法則的な党活動」といった言葉が何度も登場します。出所は2023年6月24日から開かれた同党第8回中央委員会総会（以下「8中総」）における志位委員長の常任幹部会報告と結語です。私はこうした言葉を見るにつけ、それぞれが共産党の直面する困難をはぐらかす美辞として使われているように思えてなりません。

共産党と野党共闘が前進すると、それに脅威を感じた反動勢力の共産党封じ込め攻撃が強まる、現状はその攻防の途上にある、そうした歴史の大局的な流れに確信を持って奮闘しよう、というのが「政治対決の弁証法」の要点です。しかし、国、地方の議会選挙の結果を大局的に見れば、共産党は一進一退ではなく、退潮が続いていることは明らかです。2015年、安保法制反対を掲げて台頭した野党共闘も、その後は先の見えない混迷が続いています。現在の政治状況は、共産党の前進とそれを封じ込めようとする反動勢力が対峙する局面にあるとは、とうてい言えません。ありていに言えば、現在の保守勢力は、共産党が自認するほど同党の存在を脅威と感じているとは思えません。

「双方向・循環型の党活動」というフレーズのリアリティはどうでしょうか？　共産党はしばしば「支部が主役」と言います。しかし、最近のしんぶん赤旗からは、８中総報告と結語の読了、志位委員長の対話集会での講演と質疑のビデオ視聴、１３０％の党勢拡大のための「折り入って作戦」の段取りの討論、各種の報告やパンフの読了率と党勢拡大運動の進捗状況の把握など、党中央からの相次ぐ指示をこなすのに支部が四苦八苦している上意下達の状況が読みとれます。このような共産党の日常活動のどこに「支部が主役」、「双方向・循環型」の党活動があるのでしょうか？　部外者ながら、私には「逆が真なり」と思えます。

最後は「法則的な党活動」の真偽です。共産党は１３０％への党勢拡大を党の死活的課題として掲げていますが、党員、機関紙読者ともに減勢が止まらないのが実態です。私が不思議に思うのは、「今月こそ」という熱い訴えはあっても、「なぜ減勢が止まらないのか」という原因分析が見当たらないことです。「なぜ」に代わって、しばしばしんぶん赤旗に登場するのは「やればできる」という精神論です。そして、「増やした」支部の成功体験は繰り返し紹介されますが、「減らした」支部がぶつかっている壁をリアルに紹介する記事は稀です。

このように、減勢が止まらない原因分析を疎かにして、「やればできる」と奮起を促すのは法則的活動ではなく、精神主義的活動です。

⑵党内のパワハラ根絶は共産党の差し迫った課題

8中総の幹部会報告の中に「こんな人権後進国でいいのか――二つの根を断つ民主的改革を」という見出しが付いた項があります。しかし、昨今、日野市、草加市、富田林市、神戸灘地区など、私が知った限りでも、各地の共産党組織で男尊女卑や経験の差に由来するパワハラ被害や党内・党周辺の不正を告発する動きが起こっています。また、松竹、鈴木両氏の除名が報道されたのを機にネット上では、不本意に共産党を除名・除籍された人々、共産党に失望して離党した人々が、自身の蒙ったハラスメントを告発する共産党版〝Ｍｅ ｔｏｏ〟の動きも現れています。

草加市の場合は、共産党所属の同僚議員のパワハラ、セクハラ行為を厳正に処分するよう求めた3名の共産党市議及びその支援者が、党内問題を党外に持ち出した、所属する支部を超えて連名で意見を発信するという分派行為を行ったなどの理由で、党中央も関与して、除名、除籍されました。これを不服として草加市の共産党後援会長、女性後援会長なども党を離れました。被害者と加害者を逆立ちさせるようでは共産党は「人権後進党」です。

8中総での志位報告は共産党内にも年齢、経験、性差などを理由にしたハラスメントが残っていると指摘し、あらゆるハラスメントを先延ばしせず、根絶する取り組みを呼びかけました。当然の訴えですが、「先延ばしせず」というなら、各地の党内ハラスメントを把握しながら、機敏な対応を取らず、その間、被害者の精神的苦痛を放置した党中央の深い反省と謝罪が先決です。

⑶異論や不都合な真実にも真摯に向き合う党に脱皮してほしい

日中・太平洋戦争の渦中で大本営は戦果を誇大に発表し、戦況の悪化を伏せる偽りの発表を続けました。この20年ほどの間、共産党は議席が後退した時は得票（率）に焦点を当て、得票（率）も減った時は野党共闘の成果を強調し、野党共闘も不振の昨今は「共産党包囲網を押し戻す過程の一局面」という言い回しで選挙結果を総括しています。

そして、近年のしんぶん赤旗では、党勢拡大運動をめぐる「成果」、党の主張への「賛辞」は大きく伝える反面、党勢の「後退」、党の主張への「異論」は忌避する傾向がいっそう強まったように思えます。このような紙面を見続け、私は日本共産党を「大本営政党」と呼ぶようになりました。

本書の書名は『希望の共産党』ですが、私の今の心境を素直に言えば「失望の共産党」あるいは「絶望の共産党」です。そのような私ですが、共産党に望むことを一言で言えば、「偽善とダブル・スタンダードがこびりついた大本営体質を根絶してほしい」ということです。

組織改革のすすめ

哲学者、京都橘大学名誉教授　**碓井敏正**

共産党との出会いから

わたしは早熟で、すでに中学生の時には政治への強い関心を抱いていた。しかし本格的に社会主義や共産党に関心を持つようになったのは、高校時代の社会科学研究会の活動を通してであった。社研ではマルクスやエンゲルスの文献を読むだけでなく、アメリカの原子力潜水艦ポラリスの横須賀寄港に反対するデモにも参加したことがある。高校2年の時であったと思う。ところでたまたまであるが、社研の仲間に共産党の神奈川県委員長の息子がいた。県委員長というのは中西功氏である。今ではあまり知る人のいなくなった中西氏ではあるが、彼は戦前、満鉄の社員でありながら中国で反戦運動に関わって逮捕され、日本に送還された後、治安維持法違反で死刑判決を受けたことのある人物である。戦後、解放され第1回の参議院議員選挙（1947年）で当選したが、即時社会主義革命を主張して（「中西功の意見書」）党中央と対立した後に除名され、議員を辞職することになる。その後、彼は復党して神奈川県委員長の職に就くことになった。

中西氏の経歴をここで紹介する理由は、彼との出会いがわたしの人生のその後を決めた、と言ってもよいからである。わたしは息子さんとの関係から時々中西氏の自宅を訪問し、話を聞く機会があった、氏はその時にはすでに重い病を得ており、自宅にいる機会が多かったのである。その時の話の内容はあまり覚えていないが、氏がその経歴に似合わず、偉ぶったところのない温厚な人物で、わたしのような人生経験の乏しい若者にも、丁寧に社会主義について語ってくれたことを覚えている。

わたしが何よりも驚いたのは、彼の住まいである。それは鎌倉八幡宮の近くにあり、牛乳販売店の裏にある家であったが、とても家と呼べるようなものではなく、土蔵を改造した住まいであった。確か、支持者から借りているということであった。その時にわたしが感じたのは、かつて参議院議員まで務めた人物がこのようなところに住み、つつましい生活をしている驚きである。家に帰り、母親にこの事実を興奮して伝えた覚えがある。また党を除名された後に議員を辞職したことにも、氏の潔い性格を感じたものである

社会主義への共感は、革命や社会主義の理論を学ぶことによるよりも、社会主義者の人間性や生き方を知ることにより、より強くなるものである。ここでは中西功という一人の社会主義者の名を上げたが、社会主義者や社会変革に携わる人物には、人格的に優れた人物が多い。この点は現在の共産党についても当てはまることである。共産党に集まる支持のかなりの部分が、党の幹部や地道に社会的弱者のために尽くす、現場の活動家の人柄によるところが大きいことは間違いないように思われる。

しかし問題はここからである。そのような立派な人物によって占められる政党が、現在なぜ衰退の道を歩んでいるのであろうか。この事実は日本の将来にとって不幸なことである。なぜなら、軍拡が進み貧困と格差が拡大する現在の日本で、もっともその役割を果たすことが期待されるのが、戦前と戦後を通じて平和と民主主義のために不屈に闘ってきた共産党だからである。それゆえ、共産党の勢力回復と前進のために同党の衰退の原因を明らかにし、それを取り除くことが日本の将来にとっても重要な課題となる。本稿の目的はこの点を追究するところにある。

問われる組織体質

そこでまず問題となるのが、何が共産党を衰退させているのかという点である。その理由として党員の高齢化を上げる場合が多いが、これは理由にはならない。なぜ若者層に受け入れられないのか、という点こそが問題だからである。衰退の最大の理由はやはり、事実上、異論を許さない閉鎖的で権威主義的と言われる、党の組織体質にあると考えてよい。今年起きた除名問題が、この体質に対するマイナスイメージを強めたことは、その後の地方選挙の結果を見れば明らかであろう。

政党の組織体質の持つ意味は大きい。政党にとって大事なのは党の目標であり、それに基づく政策であることは言うまでもない。しかし党の組織体質に対する国民の印象が、党の評価にとって重要な意味を持つことも否定できない。その理由は党の組織体質が、党の本質を現わすからである。いかに良い政策を掲げていても、組織体質がそれと一致しない、あるいは両者の間にズレがあるような場合には、国民はその政党を信用しないであろう。例えば、政策はリベラルであるが、組織体質は閉鎖的で権威主義的であるといった場合である。

共産党の政策を支持しながらも、人々に共産党への投票を躊躇させているのは、この不一致あるいはズレの存在であると考えてよい。このズレの意味は大きい。特に人を支配する権力を目指す政党に対して、この点への人々の見方が厳しくなるのは当然だからである。

ところで、このような共産党の組織体質はいまに始まったことではない。それは民主連合政府がそれなりのリアリティを有し、共産党への支持が高まっていた70年代から続いていると見てよい。それではなぜ現在、この問題が問われるようになったのであろうか。それは時代の変化によるところが大きい。その変化とはひと言でいえば、市民社会の成熟傾向である。この傾向は無党派層の拡大に現れているように、業界中心の利益代表型民主主義から個人の自立を軸とする民主主義への移行や、多様な生き方の拡大、またそれを受け入れる価値観の浸透として現れている。分かりやすく言えば、社会の成熟とは集団よりも個人が重視されるようになった、時代の変化を表現するものである。

一方、共産党においては綱領や規約の改変はあったが、委員長や幹部の選ばれ方を見れば分かるように、市民社会の成熟傾向に対応した組織体質の実態的見直しは行われてこなかった。支持層が固定している場合は、このことはあまり問題とならなかったかもしれない。しかし固定支持層が減少し、無党派層が半数近くを占める現代の政治状況において、この課題の重要性が増していることは明らかである。

それではなぜ共産党は現実の変化に応じた、新たな組織体質の形成ができなかったのであろうか。この問題を考える際には、組織を支配する固有の傾向について理解しておく必要がある。

組織固有の論理は組織の矛盾を解明するためのキーワードであるが、ここでは特に二つの傾向を上げておく。一つは、いったん成立した組織は変化を嫌い、自らのあり方をそのまま維持しようとする傾向である。もう一つは、いったん成立した組織は組織自体の存続を最優先の課題とする傾向である。組織の有するこの二つの傾向を理解しておくことは、共産党の抱える矛盾を理解するための前提となるものであるが、この点については次節以降で改めて考察することとする。

組織慣性の矛盾

まず組織が変化を嫌うという傾向についてであるが、この傾向は経営組織論では組織慣性と呼ばれている。慣性とはもともとは物理学の用語で、「現在の運動、状態を維持しようとする物体の傾向」のことであるが、それが組織にも当てはまるというのが組織慣性の意味である。個人にしても組織にしても、いったん身に付いた生活スタイルや組織のあり方を変えることは容易ではない。特に組織が大きくなれば、そのことは余計に難しくなる。

しかし組織を取り巻く環境の変化が大きい場合には、組織慣性に強く支配されることは組織の命取りになる危険がある。この点で分かりやすいのが企業である。企業は自らが置かれた経済的環境、すなわち消費者の好みの変化や技術革新などに対応する必要があるが、それを怠れば、市場からの撤退を余儀なくされることになる。そのため企業は様々な方法によって、新たな環境変化に対応できる柔軟な組織編成を工夫しているのである。その意味で、企業の存続にとって組織論が死活の意味をもつことがわかる。

一方、宗教団体のような組織はどうであろうか。どのような宗教にも聖書やコーランのような原典となる教義があるが、それらは時代の変化によって変わるわけではない。古典としての教義を守り、それを広めていくところに宗教団体の役割があるからであり、それゆえ、時代環境の変化に応じた組織編成を考える必要は基本的にないと考えてよい。

問題は政党のような政治組織である。中国や北朝鮮のような、政党と国家が一体化した全体主義的一党支配体制においては、政党は国民の意識の変化に対応する必要は基本的に存在せず、それゆえ、政党の組織編成を工夫する必要はない。その点では、この種の国の支配政党は宗教団体と似ているということができる。

しかし国民が主人公であり、国民の支持をめぐる政党間の競争による民主主義体制においては、そういうわけにはいかない。政党は国民（選挙民）の考え方の変化に応じて、政策や組織のあり方を変えていく必要があるからである。その点では、民主主義社会における政党は企業と似たところがある。企業が自社の商品を他社と競いながら販売するのと同じように、政党は自党の政策を選んでもらえるよう、選挙民に働きかけなければならないからである。もちろん自党のアイデンティティを踏まえながらではあるが。そこでは商品と政策は同じようなものとして位置づけられることになる。このような政党間の競争による民主主義体制を、かつＪ・てシュンペーターは競争的政党民主制と呼んでいた。

企業と政党とを類比的にとらえるこのような理解が不十分であり、様々な批判があることは認めなければならない。しかし少なくとも先進諸国における全国レベルの選挙において、この種の民主主義が支配していることを否定することはできない。それゆえ、日本の共産党においても、社会や国民意識の変化に対応して、政策を変えていくことが常に求められているのである。

問題はこのような現実の変化への対応が、組織体質の改善にまで及んでいるかどうかである。共産党の場合、他党に比べこのことは容易ではない。それは後で述べるように、マルクス理論に基づく社会主義政党としての基本性格があるからである。

組織の自己目的化の矛盾

さて組織固有の論理と並ぶもう一つの組織固有の論理について見ておこう。それはいったん成立した組織には自らの存在とその拡張を自己目的化するという傾向である。組織は一定の目的をもとにつくられ、それに同調する人々が集まり運営されるわけであるが、やがて本来の目的が横に置かれ、組織の拡張とその成員（特に幹部）の利益が優先されるようになる。これが組織の自己目的化である。

具体的な例として、組織の勢力拡大をあげることができる。党員の拡大など政党が自らの勢力拡大を図ることは当然のことであるが、それは労働運動をはじめ様々な大衆運動への取り組みの結果として達成されるのが基本であり、勢力拡大自体を追求することは、そのことに努力が向かうことにより、逆の効果を生む危険がある。また他の諸活動に向かう努力を削ぐことにもなり、政党のあり方にマイナスの影響を与える恐れもある。

この問題の背景にあるのが、組織の肥大化という現実である。勢力拡大の自己目的化は肥大化から生じると考えてよい。なぜなら大きな組織を維持するには、それなりのコストがかかるからである。したがってこの問題の根本的解決のために求められるのは、組織の軽量化ということになる。他党に比べ、特に専従者が多い共産党にとってこの課題は重要である。

組織維持の自己目的化が、組織の変質を招く点にも注意が必要である。実はこのような矛盾を、社会主義政党の問題として論じた人物がいる。それは20世紀初頭にドイツ社会民主党の党員として活動し、のちに社会学者として活躍したR・ミヘルスである。彼が著した『現代民主主義における政党の社会学』（1911年）は、官僚制の矛盾を社会主義政党における寡頭制支配の問題として論じた名著である。そこでは巨大化した社会主義政党が国家と同じ官僚主義に捕らわれ、少数の指導者による支配が常態化し、社会主義の理念の喪失や出世主義の横行、党員の個性の消失などが起こることが述べられている。また革命理論は組織の安否に関わるときには、組織の存続が至上命題となり、いつでも軟弱化されるという。このように少数者による組織支配と革命理論に対する組織の論理の優先が、彼の組織論の中心的命題であった。

ミヘルスの主張を現代のわれわれがそのまま受け入れることはできないとしても、組織自体の存続の自己目的化から生じる矛盾には、十分な警戒が必要である。その点で求められるのが組織内民主主義を確立することであるが、この問題については民主集中制との関連で後に再び取り上げることとする。

この点と関わって組織と人間の関係について触れておこう。組織の自己目的化は人間の変質、すなわち組織を自己利益のために利用しようとする傾向を生むからである。権力者が自らの地位に固執するのがそのよい例である。このことはこれを防ぐための制度の工夫と同時に、その前提として一定の人間観を求めることになる。

この点について興味深い主張をしているのが、18世紀のイギリスの哲学者・ヒュームである。彼はすでにこの時代に、権力を抑制する前提となる人間論を展開していた。それは以下のようなものである。事実であるかどうかは別にして「人間はすべて無節操で利に走りやすい悪人であり、そのすべての行動において私利以外の目的は全く持たぬ、と推定されねばなりません」(『市民の国について』)。要するに、ヒュームによれば政治の世界に限って言えば、人間性善説は危険であり、人間性悪説の立場に立たねばならないというわけである。

残念なことは、このような人間観が強く求められるのが、社会主義的権力に対してであるという点である。なぜなら社会主義権力は、生産手段の社会化や富の再分配を実行する、強い権力を求めるからである。付け加えていえば、マルクス理論では、社会主義体制実現のための権力獲得に関心が集中したために、権力固有の危険性についての自覚が弱かった。この点では無政府主義者の方が、問題をよく理解していたと言ってよい。なお無政府主義の主張の中心はアナーキーを推奨するところにではなく、権力の危険性の認識に基づき権力の分散と協同組合など、市民社会的組織を重視するところにある。

問われる党の基本性格

そこで次に論じるべきは、これまで見たような組織固有の論理を理解した上で、いかにして組織体質の改革に向かうかであるが、その前に党の基本性格についてみておく必要がある。党の組織体質は党の基本性格によって規定されるところが大きいからである。それゆえ、党の組織体質を改革するためには、党の基本性格の吟味が求められることになる。

日本共産党の基本性格が、マルクス理論に基づく社会主義政党であることは言うまでもない。実はこのような社会主義政党としての基本性格についても、この間、共産党が時代の変化に合わせ、改革に努めてきていることは認めなければならない。前衛政党規定の削除（2000年22回党大会）や、階級政党であるだけでなく国民政党でもあるといった自己規定などはその代表例である。この自己規定の改変は、閉鎖的で権威主義的な組織体質の改善に役立つはずであった。ところが現実にはそのようにはなっていない。

その主な理由は、組織体質の改善は容易ではなく、そのためには意識的な努力が必要であるが、そのような努力を欠いたというところにある。そのため古い体質と意識が残ることになった。その一つの例として前衛意識の問題がある。前衛という言葉は党の規定からは削除され、現在は党の機関誌名（『前衛』）に残るだけである。しかし組織全体とくに幹部の体質として、エリート意識につながる前衛意識が払拭されたとは言い難い。

その例として次のような事実を上げることができる。２０２１年の総選挙の敗北を受けた記者会見で、委員長が選挙の敗北の責任を記者から問われた際に、「政策が正しければ責任を取る必要はない」と答えたというが、民意（選挙結果）よりも自らの「正しさ」を優先するこのような発言は、前衛意識によるものと考える以外ない。また最近においても「護民官」という言葉を目にすることがあるが、このような言葉にも前衛意識の存在を垣間見ることができる。

ところで前衛意識の払しょくは簡単なことではない。前衛党という言葉は綱領から削除されたが、階級政党という規定には労働者階級を先導して資本主義勢力と闘う党という含意があり、それが前衛意識を絶えず生み出す可能性があるからである。

このことは階級政党としての共産党という自己規定と、新たに加えられた国民政党としての自己規定との間に、微妙な矛盾が存在することを示すものである。なお、わたし自身は現在の共産党の実態がそうであるように、共産党は社会民主主義的な国民政党としての性格をより前面に出すべきであると考えている。この点は党名問題と関連するが、組織体質の改善につながることは間違いないであろう。

前衛党と強い関係にあるのが、革命政党という性格づけである。最近、革命政党という言葉が党の重要会議の決定などにおいて目立つようになったが、これも国民に対して違和感を与える要因となっている。革命とは言うまでもなく社会主義革命を意味しているが、社会主義革命という言葉は現在の綱領においては「社会主義的変革」という言葉に置き換えられている（民主主義革命という言葉は残っているが）。また綱領では生産手段の社会化（社会主義の基本命題）が目標とされてはいるが、ソ連型社会主義への反省から統制経済を排し、市場経済と計画経済を結合させた弾力的な経済運営を目指すとされている。また資本主義体制を通じた社会主義への道は、遠い先のことであるとも考えられている。

このような現在の綱領の立場に照らしても、革命政党という言葉を使うことに疑問を禁じ得ない。前衛党を連想させる革命政党といった性格規定が、閉鎖的で権威主義的と言われる組織体質と関係していることは明らかだからである。いま国民が望んでいるのは政党が主導する革命ではなく、自らが主人公となる民主的改革である。そう考えるならば、いま共産党に求められているのは、共産主義に対するマイナスイメージの元となる前衛意識を払しょくすることであり、また革命政党という言葉の使用を控えることであろう。

組織改革の方向性

さて、党の体質とそこから生じるマイナスイメージを変えていくためには、さらに積極的な改革が求められている。それは国民と同じ目線で政治活動に取り組み、組織の開放性を国民に見える形で示すことである。具体的には、中央の方針に対する様々な角度からの自由な発言（異論）の保障や、それが組織運営に反映される柔軟な組織編成の構築などである。委員長人事についても党員投票による公選が良いかどうかは別として、より国民に見える民主的な形で行うことが望ましい。

ところで自由な議論は、党の将来を間違えないための保障でもある。少なくとも全員一致をよしとするような決定のあり方は避けねばならない（全員一致を招く組織構成についてここでは触れない）。経営学者のドラッカーは企業の意思決定の第一の原則として、「意見の対立を見ないときには、決定を行わない」を上げているが、それは意見の対立を促すことによって、不完全で間違った意見に騙されることを防ぐためである。安易な全員一致の決定ほど無内容で危険なことを、経営学者はよく知っているのである。

しかし、特にイデオロギー的制約の強い組織において、多数の意見に反対することには勇気がいるものであり、党員個人にそれを期待することには無理がある。そこで求められるのが、意見を異にする少数者のグループの存在を認め、彼らの発言の機会を保障することである。実はこれは半世紀近く前に、政治学者の田口富久治氏が党内における少数派の尊重として主張していた考えである（『先進国革命と多元的社会主義』）。その後、彼の主張を批判する不破氏との間で論争が行われ田口理論は否定されたが、仮にこの意見が受け入れられていれば、その後の共産党のあり方は大きく変わっていた可能性が高い。

ところで田口理論をめぐる論争は、派閥や分派の禁止や民主集中制の評価と密接に関連している。それゆえ、自由な議論による柔軟な党組織の再構築を考える際には、分派と民主集中制について踏み込んだ考察が必要になる。

この問題を考える際にまず確認しておくべきは、民主集中制はロシア革命という特殊な状況下の組織原則としてレーニンによって強調され、その後コミンテルンにより共産党の組織原則として一般化されたもので、特に厳しい状況下で党の結束（集中）を図るところにその重点がある。それゆえ、これを現代の自由主義的民主主義体制下における政党の組織原則として受け入れる場合には、十分な注意が必要である。

ただ念のために言えば、組織の統一性を守るために、この原則が普遍的意義を有していることも認めなければならない。たとえば日米安保条約について、共産党の国会議員の一部のグループが賛成を表明することは、組織としての党の否定につながることになる。それゆえ、いかなる組織においても正式な手続きを経て決まったことについては、組織が共通の目標を掲げて結成されたものである以上、これを守ることは当然のことと言わねばならない。

民主集中制と分派

しかし、そのためには自由で民主的な議論の保障が前提となる。組織の決定に意味があるのは、それが自由な議論をつくした上で全体の合意が得られた場合だからである。共産党規約3条に「党の意思決定は、民主的な議論をつくし、最終的には多数決で決める」とあるように、集中の前に「民主的議論をつくす」ことが前提条件とされている。逆に言えば、民主的議論がつくされていない場合には、民主集中制はその成立要件を欠くということになる。

現実には、少なくとも見えるような形で、党内で民主的議論がつくされているとは思われていない。また民主的議論の実質化のための努力や工夫がなされているとも思われていない。このような組織の実態が、共産党では重要事項が一部の幹部によって決められ、それが下部に降ろされる権威主義的体質の組織である、という印象を国民に与えているのである。

ところで民主的な議論のためには、個人の散発的意見を受け入れるだけでなく、すでに述べたような異論を有する集団の意思表明の尊重と、彼らとの討論が必要である。そのような条件を欠く場合には、民主集中制は上意下達を正当化する手段と化す危険がある。そのことはまた下部党員の自覚とやる気を失わせることになるであろう。付け加えて言えば、そのような対立を含む実質的議論は、党の将来の基本性格や綱領などを決める上でも、非常に重要である。

この問題との関連で問われるのが、分派の問題である。異論を有する集団の存在を認めることは、分派の容認につながるのではないか、という疑問が生じるからである。分派について党の規約（3条）では「党内に派閥・分派はつくらない」とあるが、分派の定義はなされていない。すでに上げた例のように、決定済みの方針に公然と異を唱えることは組織の否定につながるものであり論外であるが、民主集中制を実質化する、すなわち組織の活性化につながるグループ（ここではあえて分派とは呼ばない）の存在まで否定する必要はないであろう。

この問題を考える際の基準となるのは、それが理論的なグループなのか実践的なグループなのかという点である。これまでの左翼の歴史を見ても分かるように、理論と実践は結びついており、両者を截然と分離することは容易ではない。しかし現在の世界が非常に複雑で不透明であり、様々な現実解釈が生まれる状況において、理論的対立（論争）に全くふたをすることは、現実の理解を不十分なものとし、組織の路線や方向性を間違える危険性が高い。そう考えると、少なくとも理論的な次元において論争を保障することが、組織の将来を間違えないための条件であることが分かる。

ところが現実には、共産党の機関誌である『前衛』や共産党系の経済誌『経済』（新日本出版）などには党の公式見解に沿うものしか載らず、まして論争が行われることはない。まずこのようなところから現在の組織体質を改善していくことが、共産党に対する国民のマイナスイメージを変えていくための第一歩になると思われる。

本稿では共産党の組織体質の問題を中心に論じたが、除名問題や委員長公選問題など紙幅の関係もあり、十分に論じることができなかった。これらの問題に関心のある方は、本書とほぼ同時に出版された拙著『日本共産党への提言――組織改革のすすめ――』（花伝社）をお読みいただければ幸いである。

問題はどれだけ真剣に闘うか

経済学者、立命館大学教授
松尾　匡

「共産党」という名前を変えるべきか

共産党の躍進を願う善意から、党名を変えるべきだと助言する声は昔から絶えないですが、私見では、共産党のためを思えばこの党名は死守すべきであると思います。

というのは、この名前は「絶対に自民党や維新の会と組まない保証」になっているからです。世の中には、ジャイアンツが負ければそれでいいと思っている人が多くいるのと同様な理由で、特定の政党に特に忠誠心なく、自民党や維新の会に反対している人は少なくありません。日頃自民党に入れることも多い有権者でも、ときどき与党を変えることなく自民党を懲らしめるために、どこでもいいから野党に入れることはよくあることです。

そうした人にとっては、推した党が結局自民党や維新と組んでしまうのではないかということが心配になります。「社会党」という名前の党でさえ、自民党と連立した（そして失望を買って凋落した）わけですから、今あるほとんどの野党はその点で最後のところ信頼がおけないことになります。

しかし「共産党」だけは、その名を冠しているだけで絶対に向こうから嫌がられ、自民党や維新と組むことはないと安心できます。今どき共産党の政治家で真面目に共産主義を信じている人など皆無であることは誰でも周知のことですし、共産党に投票している有権者の大半も、資本主義を大きく超える世の中を望んでいるわけではないでしょう。掲げられている個々の政策への共感はもちろんあるとはしても、大半の有権者は立憲民主党や社民党や、ときには国民民主党の政策との区別がついて投票しているわけではないと思います。多くの人はただ、絶対に自民党や維新と組まない記号としての「共産党」に投票しているのだろうと思います。

体制批判政党としての共産党の中で、冷戦後党名を変えた最も有名な例は西側最大の共産党だったイタリア共産党だと思いますが、改名後、4分の1から3割を誇った共産党時代の得票率に達したことはありません。左翼民主党からさらに左翼民主主義者と改名しましたが、ますます得票率が減って10％台になり、果てに、かつて冷戦時代の保守側最大ライバル政党だったキリスト教民主党の流れはじめ、当時の中道政党の流れを汲むグループをかき集めて「民主党」を作っても、なお、2割前後の得票率にとどまっています。

イタリア共産党こそ、早い段階からユーロコミュニズムの旗手として、ソ連型モデルとは異なるリベラルな社会変革像を打ち出していましたから、ソ連型体制のおぞましい実態が明らかになったあとになっても、「共産党」の名に恥じる歴史を持っていなかった党だったと思います。にもかかわらずソ連崩壊後慌てふためいて党名を変えた判断は、後から振り返ると誤算だったかもしれません。

上意下達体質を変えるべきなのか

それから、上意下達な組織体質が有権者から嫌われていると見て、もっとフラットな組織体質になれば支持が増えると見る向きもありますが、これも必ずしもそうではないと思います。

この会社はワンマンだからとか、上意下達だからとかいうことを理由にして、その会社の商品を買わない消費者はほとんどいないでしょう。従業員の人権を侵害している悪評でも立てば別ですが。消費者が見ているのは、その会社が外部に対してどれだけ誠実であるかということであり、その帰結としての、製品の有用さです。政党も同じで、外部に対してどれだけ誠実であるか、どんな政策を掲げているか、日頃どれだけ人々に役立つ活動をしているか、野党の場合はどれだけ真剣に闘っているかこそが有権者の重視することです。

そもそも維新の会など、すさまじいブラック企業ぶりが有権者のあいだで周知のことですが、そんなことが共産党の何倍もの票を集めることの支障にはなっていません。それどころか「指導が行き届いていていい」ぐらいに思われています。こういう有権者の票を維新から奪うことが私たちの目の前の課題であることを忘れてはいけません。

ちなみに鈴木元さんの除名問題が統一地方選挙での共産党の議席減に影響したとの見方をよ

く目にしますが、共産党のほうも、批判者のほうも、本当にそうだったのかどうか、ちゃんとアンケート調査などをしてエビデンスを集めて検討してほしいところです。少なくとも、私の直接観測できる範囲の、立命館を中心とする京都・滋賀の界隈では、全く影響がなかったと言い切れると思います。

これは、鈴木さんのキャラクターに起因する特異な現象なのかもしれません。しかし少なくとも言えることは、共産党とマーケットのかぶるライバルにあたる政治勢力が、この件をチャンスととらえることは的外れだということです。組織体質という点からすれば、共産党の組織体質を嫌ってれいわ新選組に乗り換えるなどお笑い草ですし、社民党にしても他の左派諸党派にしても、組織体質だけを共産党との違いとしてアピールしても、有権者から見て共産党と区別がつかない政策を掲げていたのでは、ただ共産党の足をひっぱるだけで社会を変えるために何の役にも立ちません。

オープンであることと民主的であることとの矛盾

私自身は、上意下達の組織は肌に合いません。だから共産党やいわゆる「新左翼」の党派に加わる気はせず、自分が言いたいことが言える組織ばかりを選んで活動してきました。できるだけオープンで、なおかつ民主的な組織が理想だと思っています。

しかし、組織がオープンであることと民主的であることの間には矛盾があることは、一旦はしっかりと自覚しておくことが必要だと思います。

オープンで多様な考え方の人たちが集まっているグループでは、妥協による意思統一に基づく方針の結果が失敗したとき、自分の意見が十分に受け入れられていればこんな結果にならなかったのにと、全員が思うことになりがちです。そんななかで責任の追求がされると泥試合になってしまいます。それを避けるために、結局責任を問うことなく終わり、以後何度も失敗を繰り返すことになってしまうというのもありがちな結末です。

そこで意思統一をせずに、集まってきた人たち各自の自由な言動に任せるというのも一つのあり方ですが、そうすると、個々人の勝手な言動にグループ全体がどのように責任を負えるのかという問題が出てきます。

結局、多様な人たちが深い責任を負わされる恐れなく気楽に集まって、自由な言動をできることは、リーダーが何でも決めてその決定にリーダー自身が全責任を負い、集まった一般の人たちはそれに対して責任を問われないことと表裏の関係にあるわけです。政党に限らずどんな組織でも、大きなリスクにまみれた創業期には、リスクを背負った判断をリーダーが下して、その全責任を負うことで、幅広い人たちを巻き込んで組織が発展することができるわけです。

逆に、末端の人まで、可能な限り等しく決定に参加する民主主義的な組織は、理念や価値観、推論の仕方、組織文化などをある程度共有し、個々人の言動に組織として責任を負えるようなメンバーが生まれてはじめて成り立ちます。それは、活動がある程度ルーティン化してリスクが低減し、普通のメンバーでもそれらをシェアできる段階になったときに対応しています。

「民主集中制」が理念どおりに機能できるのは、このような組織の極限においてだと思います。現実には「民主」という形容詞などただのお題目で、上級機関に下部の者がしたがうだけになってしまいますが、理念や価値観、推論の仕方、組織文化などが共有されたメンバーの間で、リスクの少ないルーティン的な決定をするかぎりでなら、全員の討議に基づく民主的な意思統一にしたがって、統一的行動をすることが可能でしょう。

「民主集中制」の本当の問題点

しかし問題は、現実の政党の活動は、そもそもリスクのあることをするものだということです。利害や嗜好の違いなら配慮や取引による合意は可能です。しかし、リスクの見積りの相違は原理的に合意できません。特に、確率分布が観察できない未知の事態ではそうです。この場合、本来反対している人たちも含めて同意した形をとってしまうと、失敗した時の責任があいまいになってしまいます。最初からそれが見込まれると、決定のリスク見積りが甘くなり、誤った決定を繰り返すことになってしまいます。派手で新規な決定についてもそうです。このままだと破綻に向かう中で旧来の決定を繰り返すことについてもそうです。

リスクの見積りというものが元来合意できないものならば、反対者はあくまで反対者として責任を共有させず、失敗した時の責任を追求する役割を負わせるべきです。そうしてこそ、なんとか最大限合理的なリスク見積りがされるようになります。

いわゆる「民主集中制」の本当の問題点は、独裁者が出るとか上意下達とかではありません。分派が禁止されている中で、機関決定で反対者も含む全員に責任が共有され、真の責任の所在があいまいになってしまうことです。

志位さんが何回選挙に負けても退任しないことは、志位さんが独裁者だから誰も言えないせいでしょうか。それとも本当に志位さん一人の責任にできないからでしょうか。宮本時代だったら前者だったでしょうが、今は後者の割合が高いと思います。

宮本時代に共産党の中で上部に反発して不遇をかこって宮本顕治の悪口を言っていた人は何人もいましたが、今、いろいろと共産党のいわゆる「不祥事」が取り沙汰される中で、志位さん個人の名前をあげて叩く人はいません。みんな志位さん一人に責任を負わせないことはわかっているのです。そんなかつての宮本批判者が、今の共産党を見て、「宮顕が生きておわせば」と嘆くさまを何例か見ています。

なお、弾圧下や内戦下の革命組織の場合は、リスク見積りに失敗したら死滅して責任を負うのです。だから「民主集中制」でもおのずと最大限合理的なリスク見積りがされるように強制されるのです。

ちなみに、れいわ新選組の場合はまだリーダー一人が決定し全責任を負うべき段階にあり、それを脱するのは時期尚早だと思います。その段階を脱するためにまずすべきことは、「しんぶん赤旗」にあたるものと地方組織を作り、党員にあたるものを作り、地方組織とボランティアと議員事務所とのあいだの関係を整理することだと思いますが、任務分掌が外からよくわからないナンバーツー的名前の役職をたくさん作ってトップだけ合議の形をつけることから始めるのは、やはり責任の所在をあいまいにしてしまう恐れがあると思います。目下のところは、そうは言っても最後はリーダーが全責任を負うんでしょという、内外の暗黙の了解があって成り立っていることだと思います。

「共同戦線としての統一無産政党」

では共産党はどうすればいいのでしょうか。

旧西側諸国の中で、共産党の名前をいまだに冠して存在感を維持しているのは、フランス、スペイン、ポルトガルの共産党だと思います。これらの党はいずれも、他の党と選挙連合を組んで選挙に出ています。ポルトガルは緑の党と選挙連合を組んでいます。スペインでは、左派ポピュリストのポデモスと組んでいます。フランスでは、左派ポピュリストや社会党と組んで、マクロン与党を過半数割れに追い込んでいます。

こうした方法の場合、個々の参加団体の言動に選挙連合全体が責任を負うわけではないことが明白ならば、協定された共通のプログラムの範囲内で自由に意見を言い合えることになります。共産党という名前も変える必要はなく、組織原則も大きく変えることもなく、次のステップに発展できると思います。

もっとも、こうしたことは、戦前の山川均の「共同戦線としての統一無産政党」の構想以来、よく言われてきたことですが、うまくいってこなかった現実もあります。対立ばかりして分解するか、陰謀と組織力に優れた特定グループが裏でヘゲモニーを握って支配してしまうかになりがちです。

共産党と左派ポピュリストの連合と言えば、さかのぼれば、旧共産党と、中央銀行による財政ファイナンスを公然と主張する反緊縮ラフォンテーヌさんが率いる元社民党の一部が合同した「プラットフォーム型」政党のドイツ左翼党が嚆矢と言えるでしょう。しかしその後ドイツ左翼党も内紛が絶えず、有権者から呆れられて議席を減らしています。

結局、支持者の民意に基づいて多数派がつくられて責任の所在が明白になり、失敗したら責められる仕組みをつくれるかどうかということだと思います。日本の場合は、参議院選挙に非拘束名簿式比例代表制があるので、そこで各参加グループ内部で票割をしてグループ間で票を競い、メンバーの得票に比例して連合全体の最高意思決定機関の委員数の配分を各グループに割り振るのがいいのではないでしょうか。

ちなみに、私は改憲の国民投票の実施は阻止すべきだとする立場ですが、いざ実施されたらされたで、プラスの効果もあると思っています。党派を超えた反対運動が全国で組織され、共産党と社民党の因縁など全く知らない若い世代の活動家どうしが同じ事務所で机を並べて作業したら、互いの信頼感や連帯感が下部から醸成されてくるのではないかと思います。こんなことに期待するのもおかしな話ですが。

しのごの言わず闘え！

私は、「党首公選制」にせよ何にせよ、正しいか間違っているかはともかく、イノベーティブな提案が活発に出て、自由に議論される体質になったほうが、共産党にとってはいいと思っています。そのほうが人々のニーズに合致した方針を探る能力がつくからです。

しかし票を入れるか入れないかだけの多くの有権者にとっては、共産党内部のガバナンス問題などどうでもいいことだということも認識しておかなければなりません。それよりもはるかに重要なことは、影響力を持たない普通の庶民のためにどれだけ闘ってくれるかです。

その意味で言うと、共産党が２０００年の改正規約で「日本国民の党」と自己規定したことは大いに問題があると思います。「日本国民」にかぎるのかというのも、もちろん問題ですが、それよりも重大なことがあります。まさにこのあと小泉改革で「日本国民」という、利害ひとまとまりの集団がいるという幻想が打ち砕かれ、ごく一部の上級国民と圧倒的多数の無力な庶民に分かれているという階級社会の現実がまざまざと明らかになりました。ここで、両者のどちらにつくのかを明確にすることこそが、真っ先に大事なことになったはずです。「勤労人民の党」などと時代がかった言い方をしろとは言いませんが、せめて「庶民の党」「一般大衆の党」ぐらいは名乗ってほしかったところです。

世の中には、不況で仕事を失い、あるいは就職できず、新自由主義改革で人生を捻じ曲げられてひどい目にあった人たちがたくさんいるのです。そんな人たちが、共産党が何も関与していなかったはずの民主党政権時代の経済失政の経験にトラウマを抱え、安倍政権下のわずかの改善や維新の会の約束する派手な大型プロジェクトに期待を寄せて、自民党や維新に投票してきたし、もっと多くのひとが、そもそも入れるべき投票先を見失ってきたのです。

本来、このような層こそが共産党と称する党の支持基盤だったはずです。昔の常識なら、平成不況が深化するごとに共産党が躍進して支配階級を戦慄させていたはずなのです。働きたい者みんなにまっとうな仕事がある、この世から貧困がなくなる、そんな新しい世の中の到来を約束することによって。

支配階級は、何か企業が大きくお金儲けできるような新規な事業や競争力を作らなければ、豊かな雇用機会はつくれないという神話を広く信じさせることで、庶民をシバキ倒して大衆購買力を奪い不況を深化させ、結果として雇用機会を破壊してきました。いやしくも共産党と名乗る党がまずすべきことは、この思い込みを打破することのはずです。働きたい者みんなに、働きがいのあるまっとうな仕事がある経済は、われわれが政権を取ることによって、公の力でつくることができると信じさせることです。これが世界で「反緊縮」の経済政策と呼ばれているものです。

あの強面の維新の会が票を集めているのですから、「共産党」と言えば怖がられるとびびっている暇はありません。新自由主義に痛めつけられた多くの庶民のために、どれだけ真剣に、民生緊縮政策と闘い、大衆増税と闘い、中小企業・個人事業の淘汰政策と闘い、軍拡路線と闘うのか、それが「共産党」と称する政党に庶民が期待しているところのはずです。「牛歩」もできないヘタれた共産党に存在意義はありません。

著者略歴

宮子 あずさ（みやこ あずさ）

1963年生まれ。大学を中退し看護専門学校に入学。1987年から看護師。東京厚生年金病院（現JCHO東京新宿メディカルセンター）に22年間勤務し、内科、精神科、緩和ケア科などを経験。看護師長も7年務めた。2009年から精神科病院に勤務。勤務の傍らコラムなどを執筆。2013年東京女子医科大学大学院博士後期課程修了。博士（看護学）。『看護師という生き方』（ちくまプリマー新書）、『看護婦だからできること』（集英社文庫）他著書多数。

西郷 南海子（さいごう みなこ）

1987年生まれ、鎌倉市育ち。日本学術振興会特別研究員PD。専門は教育哲学。京都大学に通いながら3人の子どもを出産し、博士号（教育学）を取得。地元の公立小学校のPTA会長も5年間務めている。単著に、民主主義と芸術の関係を大恐慌時代のアメリカを舞台に考察した『デューイと「生活としての芸術」――戦間期アメリカの教育哲学と実践』（京都大学学術出版会）。

和田 静香（わだ しずか）

1965年千葉県生まれ。音楽評論家の湯川れい子氏のアシスタントを経てフリーの音楽ライターに。その後、おすもうや、自身のアルバイト迷走人生など幅広く書くように。人生ひたすらライター業。主な著書に『時給はいつも最低賃金、これって私のせいですか？ 国会議員に聞いてみた。』（左右社）、『世界のおすもうさん』（共著・岩波書店）、『東京ロック・バー物語』（シンコーミュージック）などがある。

小林 節（こばやし・せつ）

慶應大学名誉教授（憲法学）、弁護士。1949年、東京生まれ。1972年、慶應大学法学部卒。1989年、法学博士（慶應大学）、2002年、名誉博士（モンゴル、オトゥゴンテンゲル大学）。アメリカ、ハーバード大学ロー・スクール客員研究員（1977―79年）等を経て、1989―2014年、慶應大学教授。その間、中国、北京大招聘教授（1994年）、ハーバード大ケネディ・スクール研究員（1979年）等を兼務。

五野井 郁夫（ごのい いくお）

政治学者・国際政治学者、高千穂大学経営学部教授。1979年、東京都生まれ。東京大学大学院総合文化研究科国際社会学専攻博士課程修了、博士（学術）。日本学術振興会特別研究員（DCI、PD）、立教大学法学部助教を経て現職。専門は民主主義論・国際秩序論。著書に『「デモ」とは何か 変貌する直接民主主義』（NHKブックス）、共編著に『リベラル再起動のために』（毎日新聞出版）など、共訳にウィリアム・コノリー『プルーラリズム』（岩波書店）など。「立憲デモクラシーの会」呼びかけ人も務める。

松竹 伸幸（まつたけ のぶゆき）

編集者・ジャーナリスト、日本平和学会会員（専門は日本外交と安全保障）、自衛隊を活かす会（代表：柳澤協二）事務局長。一橋大社会学部卒、民主青年同盟国際部長、日本共産党安保外交部長などを歴任。著書に『不破哲三氏への手紙——日本共産党をあなたが夢見た21世紀型に』（宝島社新書）、『シン・日本共産党宣言——ヒラ党員が党首公選を求め立候補する理由』（文春新書）、『〈全条項分析〉日米地位協定の真実』（集英社新書）など。

堀 有伸（ほり ありのぶ）

1972年に東京都にて出生。1997年に東京大学医学部を卒業して精神科医となり、首都圏の大学病院・精神科病院・総合病院精神科などに勤務した。２０１１年の東日本大震災・原発事故をきっかけに２０１２年から福島県南相馬市に移住し、２０１６年に同地でほりメンタルクリニックを開業した。著書に『日本的ナルシシズムの罪』（新潮社）、『荒野の精神医学』（遠見書房）、『ナルシシズムから考える日本の近代と現在』（あけび書房）など。

醍醐 聰（だいご さとし）
　１９４６年生まれ。１９７０年、京都大学経済学部卒。２０１０年、東京大学経済学部退職。現在、東京大学名誉教授。専攻は会計学。著書に『日本の企業会計』（東京大学出版会）、『消費増税の大罪』（共著・柏書房）など。日本租税理論学会他。物価安定政策会議委員、公認会計士試験第二次試験委員、総務省情報通信審議会委員、税務大学校客員教授を歴任。

碓井 敏正（うすい としまさ）
　１９４６年東京都生まれ。専門は権利論、正義論など社会哲学。京都大学文学部卒業、京都大学大学院博士課程哲学専攻修了。京都橘大学名誉教授、大学評価学会顧問、福祉法人理事長。著書に『戦後民主主義と人権の現在』（部落問題研究所）、『現代正義論』（青木書店）、『グローバル・ガバナンスの時代へ』（大月書店）、『グローバリゼーションの権利論』（明石書店）、『格差とイデオロギー』（大月書店）、『成熟社会における組織と人間』（花伝社）など。

松尾 匡（まつお ただす）

１９９２年神戸大学大学院経済学研究科博士後期課程修了。１９９２年久留米大学に奉職。２００８年立命館大学教授・現在に至る。著書に『近代の復権』（晃洋書房）、『不況は人災です』（筑摩書房）、『ケインズの逆襲ハイエクの慧眼』『自由のジレンマを解く』（ＰＨＰ研究所）、『新しい左翼入門』（講談社）、『この経済政策が民主主義を救う』（大月書店）、『そろそろ左派は〈経済〉を語ろう』（共著・亜紀書房）、『左翼の逆襲』（講談社）、『コロナショック・ドクトリン』（論創社）など。

続・希望の共産党　再生を願って

2023年9月1日　初版1刷発行 ©
著　者— 碓井敏正、五野井郁夫、小林節、西郷南海子、
醍醐聰、堀有伸、松尾匡、松竹伸幸、宮子あづさ、
和田静香
発行者— 岡林信一
発行所— あけび書房株式会社
〒167-0054　東京都杉並区松庵 3-39-13-103
☎ 03. 5888. 4142　FAX 03. 5888. 4448
info@akebishobo.com　https://akebishobo.com
印刷・製本／モリモト印刷
ISBN978-4-87154-234-0　c3031